AHRBECK

BASTELN AM ICH

ZU KLAMPEN

Reihe zu Klampen Essay
Herausgegeben von
Anne Hamilton

Bernd Ahrbeck,
geboren 1949, ist Erziehungswissenschaftler, Diplom-Psychologe und Psychoanalytiker. Er lehrt als Professor für Psychoanalytische Pädagogik an der Internationalen Psychoanalytischen Universität (IPU Berlin). Von 1994 bis 2016 hatte er einen Lehrstuhl am Institut für Rehabilitationswissenschaften der Humboldt-Universität zu Berlin inne. Bei zu Klampen ist zuletzt erschienen »Jahrmarkt der Befindlichkeiten. Von der Zivilgesellschaft zur Opfergemeinschaft« (2022).

BERND AHRBECK

Basteln am Ich

Zu Risiken und Nebenwirkungen grenzenloser Selbstbestimmung

Inhalt

Einleitung

DIE kulturellen und gesellschaftlichen Konflikte in den westlichen Demokratien verschärfen sich zusehends. Im Namen einer höheren Moral werden zentrale Errungenschaften der Aufklärung in Frage gestellt, ausgelöst von einzelnen Identitätsgruppen, unterstützt und umgesetzt von einem politischen und medialen Meinungsstrom, der sich als »woke«, links, grün, klima- und gendersensibel versteht. Wer sich nicht in dieses Schema pressen lässt, wird schnell zum Feind erklärt, gecancelt, als rechts, rassistisch oder reaktionär abgeschrieben.

Das Erleben wird zum entscheidenden Orientierungspunkt. Allerdings nur, solange es ausgewählte marginalisierte Gruppen betrifft, und um so mehr, je stärker sie sich auf einen Opferstatus berufen. Vernunft, gesammelte Wissensbestände und historisch gewachsene Erkenntnisse sollen hinter der persönlichen Betroffenheit zurücktreten. Sie gelten, wenn es zu Interessenkonflikten kommt, als Ausdruck einer unaufgeklärten und schuldbeladenen Gesellschaft, die von bürgerlichen Männern und Frauen repräsentiert wird. Oder intellektuell nicht weniger schlicht: vom alten, weißen, europäischen Mann. Entscheidend wird dann, wer etwas vertritt, und nicht mehr, ob das Ausgesprochene zutreffend und wahr ist.

Wer hätte es vor einigen Jahren für möglich gehalten, dass ernsthaft gefordert wird, nur noch identitätspolitisch ausgewiesene Personengruppen dürften sich zu bestimmten Themen äußern. Wer hätte sich vorstellen können, dass weiße Musiker wegen kultureller Aneignung verurteilt werden, nur weil Blues-, Soul- oder Reggaetitel zu ihrem Repertoire gehören. Oder dass Bücher, Theaterstücke und Filme nicht mehr geduldet werden, weil sie aus einer Zeit stammen, die andere Wert- und Moralvorstellungen hatte. Auch die Möglichkeit, die Schönheitskönigin eines Landes könne eine Transsexuelle sein, wäre noch vor kurzem als reichlich lebensfern erschienen. Wer hätte ahnen können, dass die Wissenschaftsfreiheit dermaßen ausgehöhlt wird, wie es zur Zeit geschieht, mit der Begründung, unerwünschten Kräften müsse Einhalt geboten werden. Die Bereitschaft zum Widerspruch sinkt, vor allem in Erziehungs- und Bildungsinstitutionen, in den Medien, im Kulturbetrieb und in der evangelischen Kirche, den Hauptträgern »woker« Weltanschauungen. Die öffentlich geäußerte Weltsicht wird immer homogener.

Dahinter steht die Vorstellung, unsere Gesellschaft müsse sich grundlegend wandeln, gerechter werden, toleranter, offener, vielfältiger. Nicht durch eine Verbesserung des Bestehenden, unter Anerkennung des Erreichten, sondern durch eine radikale Umorientierung, die auf einer neuen moralischen Ordnung beruht. Davon zeugen die heftigen Vorwürfe, die erhoben werden: gegen das Patriarchat, die Heteronormativität, die toxische Männlichkeit, den alltäglichen Rassismus, den Kapitalismus und die westliche Lebensform. Erst wenn sie überwunden sind, das versprechen die »woken« Befreiungsvisionen, sei ein unbeschwertes Leben vorstellbar. Diese Erlösungsphantasien werden so kompromisslos in Anschlag gebracht, dass sie mitunter an die Frömmigkeitsbewegungen vergangener Jahrhunderte erinnern. Auf welcher Grundlage sich der Mensch, der sich aller Konventionen und Traditionen entledigt hat, selbst erschaffen soll, bleibt allerdings im Dunkeln. Häufig erscheint es so, als sollte ein vermeintlich idealer Urzustand wiederhergestellt werden.

Zu einem herausragenden Thema der letzten Zeit ist die Transsexualität oder Transidentität geworden. Eigentlich ein überschaubares Phänomen, denn die Anzahl der unmittelbar Betroffenen ist nach wie vor gering. Die riesige Aufmerksamkeit, die die Transsexualität erfährt, muss deshalb andere Gründe haben. Mit ihrer Hilfe sollen Koordinaten des Lebens erschüttert werden, die über Jahrtausende als selbstverständlich galten. Im Mittelpunkt steht die Vision, der Mensch könne sich seiner biologischen Wurzeln entledigen. Das biologische Geschlecht sei nur die Folge einer sozialen Konstruktion, nichts als eine sprachliche Zuschreibung. Wer hingegen an der Binarität festhält, einer biologischen Tatsache, macht sich umgehend verdächtig, andere herabzusetzen und zu demütigen. Eine humane Grundhaltung soll demnach an die Verleugnung der Realität gebunden sein. Aber es stimmt wohl: »Nichts ist provokanter als die Wirklichkeit. Und Gnade Gott all jenen, die es wagen, die Wirklichkeit gegen mächtige Illusionen aufzubieten.«[1]

Ein juristisch fixiertes Offenbarungsverbot soll Transsexuelle davor schützen, gegen ihren Willen öffentlich auf ihr Ursprungsgeschlecht hingewiesen zu werden. Dass hier ein Schutzbedürfnis besteht, wird niemand bestreiten. Die Frage ist nur, wie ihm Rechnung getragen wird. Nach dem neuen Selbstbestimmungsgesetz reicht bereits eine Selbstdeklaration aus, um standesamtlich den Geschlechtseintrag und Vornamen zu wechseln, als reiner Sprachakt also, der zur Folge hat, dass alle amtlich relevanten Unterlagen mit dem ursprünglichen Ausstellungsdatum verändert werden. Ein Mensch hat demnach schon immer das Geschlecht gehabt, zu dem er sich später bekennt. Damit wird eine fiktionale Biographie erzeugt, die möglichst viele Spuren der Vergangenheit tilgen soll. Die Lebensgeschichte ordnet sich dem gegenwärtigen Empfinden unter, das nicht nur über die Biologie, sondern auch über die soziale Realität triumphiert. Aber das ist noch nicht alles: Auch kulturelle Produkte und historische Ereignisse werden inzwischen nach

1 Köppel 2022, S. 3.

heutigen Maßstäben umgeschrieben. Von Verlagen beauftragte »Sensitivity Reader« durchforsten Bücher nach Anstößigem, Bilder werden aus Museen entfernt oder besonders kommentiert, Denkmäler beschmiert oder gestürzt.

Die Verfügbarkeit über das Leben soll auch dadurch erweitert werden, dass in den Reproduktionsprozess eingegriffen wird. Dazu gehört eine äußerst weitreichende Maßnahme, die Leihmutterschaft. Neben heterosexuellen Paaren können sich auch gleichgeschlechtliche Paare durch Leihmütter einen Kinderwunsch erfüllen, der ihnen aufgrund ihrer biologischen Ausstattung verwehrt ist. Mit der »Ehe für alle« und der Akzeptanz vielfältiger Lebensformen wird das in Deutschland geltende Verbot der Leihmutterschaft zunehmend in Frage gestellt. Von bereits existierenden Grauzonen ganz abgesehen: Auf Kinderwunschtagen wird offen für eine Leihmutterschaft geworben, die im Ausland erfolgt. Die kommerzielle Leihmutterschaft ist zu einem stark expandierenden, lukrativen Wirtschaftszweig geworden. Sie degradiert Frauen, die in materieller Not und vornehmlich in armen Ländern leben, zu Gebärmaschinen, Kinder werden zu Objekten eines Kaufvertrages. Leihmütter haben nur eine Aufgabe, sie sollen ein gesundes Kind zur Welt bringen, ohne dass es zu einer inneren Bindung an das Kind kommt. Alles andere interessiert nicht. Bemerkenswert ist, wie vermeidend, wenn nicht gar gleichgültig mit ihrer leidvollen Situation umgegangen wird. So, als möchte sich niemand dieser bedrückenden Tatsache annehmen.

An den Universitäten hat sich die Atmosphäre in den vergangenen Jahren merklich verändert, eine eigentümliche Beklommenheit greift immer stärker um sich. Die Wissenschaftsfreiheit ist durch direkte Angriffe bedroht. Vorträge werden verhindert, Kongresse gestört, Wissenschaftler persönlich diffamiert, Publikationen abgelehnt. Aus Angst vor sozialen und beruflichen Konsequenzen setzt eine innere Zensur ein. Forschungsfragen, die als anstößig gelten könnten, werden gemieden, fachliche Auseinandersetzungen unterbleiben, auch in der Lehre. Die Bedrohung der Lehr- und Forschungsfreiheit erfolgt nur in seltenen Fällen durch äußere Eingriffe. Es sind die Akteure des Wissenschaftssystems selbst, die diese Entwicklung an den Universitäten und Hochschulen forcieren. Schreitet sie weiter voran, so wird Wissenschaftsfreiheit womöglich am Ende nur noch für jene Auserwählte gelten, die nicht durch das Raster der Cancel-Culture gefallen sind.

In den Vereinigten Staaten, wo diese Entwicklung sich bereits seit längerem abzeichnet, stellt sich die Lage in einem wichtigen Punkt anders dar. Neben den verbreiteten, überaus einflussreichen Cancel-Aktionen der »woken« Bewegung, existieren dort auch Freiheitseinschränkungen, die auf rechte, zumeist christlich fundamentalistische Überzeugungen und Haltungen zurückgehen. Sie erfolgen in erster Linie aufgrund bundesstaatlicher Verfügungen und entsprechender Gesetzgebungen. Vor allem mit außeruniversitären Folgen: So greifen zum Beispiel einige Bundesstaaten in den schulischen Lehrkanon ein, Themen wie Rassismus oder sexuelle Vielfalt erscheinen dann nur noch am Rande oder gar nicht mehr, unliebsame Bücher werden aus den Bibliotheken entfernt. Eine vergleichbare Entwicklung findet sich in Europa kaum, die nationalen Ausgangslagen sind zu unterschiedlich, religiöse Verpflichtungen spielen keine wesentliche Rolle.

Im hiesigen Kulturkampf geht es inzwischen nur noch am Rande darum, Ungerechtigkeiten zu überwinden, Diskriminierungen zu bekämpfen und Rechte von Minderheiten zu wahren. Über diese ursprünglichen Ziele besteht kein grundlegender gesellschaftlicher Dissens. Gegen die Entwertung und Herabsetzung einzelner Personen und Gruppen muss vorgegangen werden, das ist eine Selbstverständlichkeit. Befindlichkeiten werden jedoch längst zu anderen Zwecken eingesetzt. Sie dienen als Mittel, um eine kulturelle Deutungshoheit zu erringen, die Machtpositionen ausbaut und sichert. Und dies durchaus mit Erfolg.

Einer vermeintlich überaus bedrückenden Gegenwart wird eine Befreiungsphantasie gegenübergestellt, die einige Faszination ausübt. Sie verheißt das Leben in einer Welt, die von allem Bösen gereinigt ist, ohne historische und kulturelle Last, ohne Schuld und Verfehlungen, in freier Selbstbestimmung, nur an den eigenen Bedürfnissen ausgerichtet. Dazu bedarf es einer »richtigen« Haltung, die demonstrativ in vielen Medien und Bildungseinrichtungen, dem Kulturbetrieb und in politischen Deklarationen zur Schau gestellt wird. Selbst große Unternehmen haben sich mittlerweile »woken« Prinzipien verpflichtet, zelebrieren Diversität, Gerechtigkeit und Inklusion, werbewirksam und auf der Höhe der Zeit, ohne ihre ökonomischen Interessen zu vernachlässigen. Die Androhung von Sanktionen steht auch dort im Raum, sollte es jemand wagen, offen zu widersprechen.

Warum sich diese Weltanschauung so einflussreich durchsetzen konnte, darüber kann nur spekuliert werden. Viele einzelne Faktoren kommen zusammen. Die von Jonathan Haidt[2] beschriebenen Veränderungen im Erziehungsgeschehen tragen sicher dazu bei, dass persönliche Empfindungen einen immer größeren Raum einnehmen, vor allem, wenn sie sich zu einer Hypersensibilität steigern. Das Störende und Irritierende wird dann nur noch im Außen gesehen. Eine Auseinandersetzung des Einzelnen mit sich selbst und anderen unterbleibt, apodiktische Setzungen verhindern den Dialog, Verbote

---

2 Haidt/Lukianoff 2018.

werden verfügt. Tatkräftige Unterstützung erhält die »woke« Bewegung im akademischen Kontext überwiegend durch die Gesellschaftswissenschaften. Der Dekonstruktivismus diente als Wegbereiter für Gender Studies, Queer-Theorie, Postcolonial, Critical Race und Critical Whiteness Studies, die sich in den Wissenschaften seit etwa 1990 etabliert haben. Kriterien wie Vernunft, Wahrheit und Wissen sind gründlich diskreditiert worden und treten somit hinter den persönlichen Erfahrungshorizont zurück; Gefühle und Betroffenheiten dominieren die Weltsicht. Die Analyse von Machtstrukturen und sprachlicher Deutungshoheit ist zum zentralen Thema geworden, Erkenntnissuche erfolgt im Auftrag des politischen Aktivismus. Zudem geht es um einen Machtgewinn, der persönliche Gratifikationen und Privilegien verspricht und den Zugriff auf Gelder und begehrte Posten ermöglicht.

Diese Entwicklung wird oft achselzuckend hingenommen, als eine nicht ernstzunehmende Mode, die schnell wieder vergeht. Selbst diejenigen, die es besser wissen können, stellen sich, wenn es sich um Politische Korrektheit, Cancel-Culture und Identitätspolitik handelt, ahnungslos. Damit leugnen und verkennen sie die fundamentale Gefahr, die von den gegenwärtigen kulturellen und politischen Umbrüchen ausgeht.

Schwer wiegt in dieser Situation der zunehmende Mangel an Überzeugung, dass es sich überhaupt lohnt, für die kulturellen und politischen Errungenschaften einzutreten, die einst mühsam erkämpft wurden. Viele davon gelten inzwischen als allzu selbstverständlich, manche nur noch mit Einschränkungen wichtig, etwa die Rede- und Wissenschaftsfreiheit. Eine gewisse Gleichgültigkeit hat sich ausgebreitet, auch gegenüber demokratischen Grundwerten, die in ihrer Bedeutung verkannt werden. In einer Zeit, in der biologische und lebensweltliche Fakten beliebig zur Disposition gestellt werden, in der das Simulacrum die Realität verdrängt, Machbarkeit die allgegenwärtige Losung ist, schwindet die Achtung vor dem Erreichten. »Vor der Aufklärung fühlte sich der Mensch selbstverständlich in Gottes Hand. Im säkulären 21. Jahrhundert ist diese Geborgenheit dahin. Es wäre nicht falsch, wenn wir wenigstens eine Schwundform des alten Gottvertrauens behielten: Demut und Bescheidenheit in dem Wissen, dass der Mensch eben doch nicht der Meister des Universums ist; und Skepsis gegenüber einem Machbarkeitswahn, der für alle Übel eine schnelle Lösung verspricht.«[3]

---

3 Guyer 2022, S. 1.

Erlösungsphantasien

DIE Sehnsucht nach einer von Kränkungen, Ungemach und Schuld befreiten Welt ist uralt, sie zieht sich durch die Geschichte der Menschheit. Eine Erlösung von allen Übeln, von äußeren Belastungen und inneren Widersprüchen, das ist eine Hoffnung, die von unterschiedlichen Seiten genährt wurde und wird. Außerhalb der Religion findet sie sich in den großen Befreiungsvisionen, die eine revolutionäre Umgestaltung der Gesellschaft anstreben, um den »neuen« Menschen zu erschaffen. Auch wenn alle diese Experimente grausam gescheitert sind, Millionen Opfer gekostet haben, verlieren sie nicht an Faszination. Irgendwie soll es doch möglich sein, dass der Mensch in ein Reich der Freiheit eintritt, in eine gerechte Welt, die von allem Bösen gereinigt ist. Es scheint um fast paradiesähnliche Zustände auf Erden zu gehen.

Die Identitätspolitik hat die alte Linke, die auf das Wohl breiter Bevölkerungsschichten schaute, einschneidend geschwächt. Nunmehr sind es die Interessen einzelner voneinander separierter Gruppierungen, die in der ersten Reihe stehen: moralisch hoch gerüstet und medial gut vernetzt, einflussreich bis in hohe Regierungsämter hinein. Die identitätspolitische Bewegung ist zu einer mächtigen Kraft geworden, die, von den Vereinigten Staaten ausgehend, nun auch Europa erfasst hat. Sie strebt einen fundamentalen gesellschaftlichen Wandel an. Zunächst klingt ihr Ansinnen harmlos: Es geht um Gerechtigkeit und Gleichheit, den Kampf gegen Diskriminierung, die Anerkennung unterschiedlicher Lebensformen und sexueller Identitäten. Also um ein Anliegen, dem grundsätzlich niemand widersprechen dürfte.

Dahinter steht, sehr häufig jedenfalls, die Sehnsucht nach einer Erlösung von allen gesellschaftlichen Zwängen, zurück zu einem ungetrübten Naturzustand, in ein von Harmonie geprägtes Dasein, das keine bedrohlichen Einflüsse kennt. Als Bezugspunkt dienen indigene Gemeinschaften, die dieses ideale Leben repräsentieren sollen. In deren Welt scheint es keine Unstimmigkeiten zu geben, keine Spannungen und Widersprüche, weder einengende soziale Strukturen noch individuell einschränkende Verpflichtungen. Es herrschen Respekt, Umsicht, gegenseitige Hilfe und Geborgenheit. Man lebt in Übereinstimmung mit der Natur, der realen äußeren wie auch der inneren.

Das Unrecht, das viele indigene Gruppen erlitten haben, wurde über lange Zeit nicht thematisiert, teils bagatellisiert, zum Teil auch geleugnet. Zum Beispiel das, was den Indianern (inzwischen auch »Native Americans« genannt) in Nordamerika oder den Aborigines in Australien angetan wurde. Gleiches gilt, mit noch mehr Aufmerksamkeit versehen, für die Sklaverei und den Kolonialismus. Von nun an jedoch soll dieses Leid anerkannt werden, nicht zuletzt durch materielle Wiedergutmachung, die sich als schwierig erweist, weil die Mehrzahl der Ereignisse Jahrhunderte zurückliegt und die Empfänger einer solchen finanziellen Entschädigung häufig gar nicht mehr auszumachen sind.

Ähnlich wie für die indigene Bevölkerung, fordert man auch im Falle der Opfer von Sklaverei, Rassismus und jeglicher Form von Diskriminierung, dass das historische Unrecht eingestanden wird. Immer wieder erfolgt der Hinweis auf marginalisierte Gruppen, seien es Homosexuelle, Transsexuelle, Sinti und Roma oder Behinderte. In der Tat gibt es vieles zu beklagen. Man denke nur an die prekäre Lage, in der sich Homosexuelle auch hierzulande noch vor einigen Jahrzehnten befanden. Sie waren sozial geächtet und konnten strafrechtlich verfolgt werden. Behinderte Menschen standen lange Zeit am Rande der Gesellschaft. Im Nationalsozialismus wurde ihnen zum Teil das Lebensrecht abgesprochen. Der Umgang mit Sinti und Roma war, bis in Amtsblätter der 1950er und 1960er Jahre hinein, äußerst grob und abwertend. Erst 1998 wurden sie als nationale Minderheit anerkannt.

Ins Auge springt allerdings, dass die identitätspolitischen Anklagen mit einer Vehemenz vorgebracht werden, als bestünden die alten Verhältnisse noch heute. Die Grenzen zwischen Gegenwart und Vergangenheit zerfließen. Beide scheinen untrennbar miteinander verbunden. Mitunter wird sogar – darüber hinausgehend – der Eindruck erweckt, als lebten wir gegenwärtig in ganz besonders repressiven Zeiten – voller Homosexuellen- und Transfeindlichkeit, voller Ablehnung unterschiedlicher Lebensformen, voller Hass auf Minderheiten. Geschützt sei nur die sogenannte Mehrheitsgesellschaft. Eine Anerkennung all dessen, was außerhalb der bürgerlich-patriarchalen Norm liegt, gebe es heute ebenso wenig wie früher. Zumindest nicht in einem auch nur annähernd akzeptablen Maße.

Anerkennung ist zu einem der großen Stichworte der Zeit geworden, einer Leitkategorie des Lebens geradezu. Dabei ist eine wichtige Verschiebung eingetreten: Nicht mehr der Einzelne mit seinem persönlichen Anliegen steht jetzt im Mittelpunkt des Interesses, sondern das Kollektiv. Was zählt, ist die Gruppenzugehörigkeit, bemessen an den Merkmalen Ethnie, Hautfarbe, Sexualität und Geschlecht, aber auch Religion oder Behinderung. Sie gipfelt in der »Intersektionalität«, in der sich unterschiedliche Benachteiligungen potenzieren sollen. Frauen mit einer Behinderung haben es demnach doppelt schwer, schwarze Homosexuelle sowieso und muslimische Flüchtlinge ebenfalls. Ob sich dies empirisch belegen lässt, steht auf einem anderen Blatt.

Jeder Einzelne hat ein Recht auf Respekt und Achtung, darauf, dass ihm tolerant begegnet wird, unabhängig davon, wie er ist und wie er sein Leben gestaltet. Niemand darf »wegen seines Geschlechts, seiner Abstammung, seiner Rasse, seiner Sprache, seiner Heimat und Herkunft, seines Glaubens, seiner religiösen und politischen Anschauungen benachteiligt oder bevorzugt werden«. Das ist eine Selbstverständlichkeit, die das Grundgesetz im Artikel 3 seit 1949 garantiert. Was bisher an Gleichstellung und Gleichberechtigung gelungen ist, gilt in woken Kreisen jedoch als völlig unzureichend, selbst dann, wenn diese Ziele weitgehend verwirklicht wurden.

Immer mehr Menschen beanspruchen, als Teil einer Minderheit diskriminiert und marginalisiert zu sein. Sie klagen einen Sonderstatus ein, der materielle und immaterielle Privilegien sichern soll. Der Staat wird dazu in die Pflicht genommen. Welche überzogenen und teils abstrusen Anklagen und Forderungen sich daraus ergeben können, dokumentiert folgendes Beispiel: Der Queerbeauftragte der Bundesregierung, Sven Lehmann, setzt die an die Rundfunkanstalten gerichtete Forderung nach einer differenzierteren Berichterstattung mit der Absicht gleich, transsexuelle Menschen zu vernichten. »Wir sind es leid, dass unsere Existenz überhaupt verhandelt wird. Wir sind es leid, dass Feindlichkeit gegenüber LGBTIQ* überhaupt als legitime ›Meinung‹ dargestellt wird und nicht als das, was sie ist: gruppenbezogene Menschenfeindlichkeit.«[1]

1 Lehmann 2022, S. 4.

Diejenigen, die dazu eine andere Position vertreten, sollen mithin schweigen, keine unbequemen Fragen mehr stellen und auf das Recht der freien Rede verzichten. Zu Ende gedacht und identitätspolitisch durchaus angestrebt, dürfen sich dann nur noch die Betroffenen selbst äußern und niemand sonst.

Wie weit solche Vorstellungen in das Alltagsleben eingedrungen sind, zeigt sich daran, dass ernsthaft darüber diskutiert wird, wer und wie jemand im Kulturbetrieb noch auftreten darf. In Theater- und Filmproduktionen soll eine Rollenvergabe nicht mehr nach Talent erfolgen, sondern aufgrund von Diversitätskriterien. Homosexuelle sollen demnach nur noch von Homosexuellen dargestellt werden, Behinderte von Behinderten, Schwarze von Schwarzen, Arme von Armen, Religiöse von Religiösen. Was im Umkehrschluss bedeutet, dass kein homosexueller Schauspieler mehr in die Rolle eines heterosexuellen Liebhabers schlüpfen dürfte, selbst dann, wenn er schauspielerisch dafür hervorragend geeignet wäre. Film und Theater entfernen sich dadurch aus dem Reich des Imaginären, sie verabschieden sich vom Kunstgedanken. Die Kreativität schwindet. In die Kategorie des besten Films kann bei der Oscar-Preisverleihung nur noch vordringen, wer hinsichtlich der Besetzung und des Inhalts das Diversitätssiegel erhält. Doch dieser Preis ist offensichtlich nicht zu hoch, wenn er identitätspolitischen Interessen dient.

Gefordert wird auch, dass sich Nichtbetroffene nur mit großer Vorsicht bestimmter literarischer und historischer Themen annehmen, sofern ihnen das überhaupt gestattet bleibt. Weiße seien nicht befugt, etwas über die Sklaverei und die Kolonialgeschichte zu schreiben, so lautet eine gängige identitätspolitische Formel. Sie könnten andere aufgrund ihrer Voreingenommenheit verletzen, ihnen dadurch erneut Unrecht antun. Gleiches gilt für die Übersetzung von Texten, die anderen Kulturen entstammen oder einem speziellen Weltbild folgen. In den Niederlanden ist ein heftiger Streit darüber entstanden, wer ein Gedicht Amanda Gormans, das sie bei Joe Bidens Inauguration vortrug, ins Niederländische übersetzen darf. Die ursprünglich vorgesehene weiße, fachlich gut ausgewiesene Übersetzerin gab den Auftrag entnervt zurück. Die heftig geführten öffentlichen Auseinandersetzungen darüber, ob sie aufgrund ihrer Hautfarbe dazu moralisch berechtigt sei, hatten sie dazu bewegt.

Die genannten Maßnahmen haben sich zum Ziel gesetzt, Kränkungen zu vermeiden und dafür zu sorgen, dass jedwede Diskriminierung unterbleibt. Benachteiligungen und Zurücksetzungen soll es keine mehr geben, schlicht deshalb, weil ihnen der Boden entzogen wird. Diversitätskriterien sorgen dafür, dass eine für gerecht gehaltene Verteilung erfolgt. Die begehrten Plätze werden nach einem strengen Reglement vergeben, eine freie Wahl ist nicht mehr möglich. Denn sie würde dazu führen, dass sich jemand am falschen Ort niederlässt. Oder, wenn diese Formulierung erlaubt ist, sich auf eine Parkbank setzt, die für ihn verboten ist.

Triggerwarnungen, die besonders an amerikanischen Universitäten verbreitet sind, weisen in die gleiche Richtung. Texte sollen keine Irritationen mehr auslösen, keinen Schrecken erzeugen, eine zartbesaitete Leserschaft vor Ungemach schützen oder sie zumindest darauf vorbereiten. Ganze Bücher werden auf den Index gesetzt. Es könnte gut sein, dass bald auch Freuds Schriften davon betroffen sind. Sie beschäftigen sich mit Sexualität und Aggression, Liebe und Hass, Übergriffen und Grenzverletzungen, seelischen Abgründen und irritierenden Pathologien – alles Themen, die als anstößig erlebt werden können. Das triebhaft aufgeladene Unbewusste, das die Psychoanalyse durchzieht, ist unkontrollierbar, es entzieht sich den Zwängen der Politischen Korrektheit. Das macht es so gefährlich.

Viele Verlage setzen inzwischen Lektoren ein, »Sensitivity Reader«, die Buchprojekte auf sprachliche Fallstricke hin durchforsten. Was Anstoß erzeugen könnte, wird getilgt, um jeder Art von Unwohlsein vorzubeugen. Es kann sich dabei um einzelne Worte handeln, die beseitigt werden, oder auch ganze Gedanken. Sören Sieg, ein erfolgreicher Musiker und Schriftsteller, hatte bei Random House ein Manuskript vorgelegt: »Oh, wie schön ist Afrika!«, in dem er dokumentiert, was er in verschiedenen afrikanischen Ländern erlebt hat. In einfacher Sprache, anschaulich verfasst, ohne jede Aufdringlichkeit. Das Buch wurde einem solchen »Sensitivity Reading« unterzogen, von einer Lektorin und Gutachterin, die im Hause hohes Ansehen genießt. Sieg beschreibt darin eine Gastgeberin namens Karungi (»beautiful«). »Sie hat ein sehr schmales Gesicht, fast zu schmal für die großen, tiefbraunen Augen und die vollen Lippen, ihre sorgfältig aufgemalten Augenbrauen und der dunkelviolette Lippenstift lassen sie wie eine Kunstfigur aussehen.«[2] Dieser Abschnitt sollte, wie viele andere auch, gestrichen werden. Die Begründung: »Sie wissen schon, dass Sie die Körper von Frauen nicht zu kommentieren haben. Besonders wenn es um Frauen geht, können Kommentare zu ihren Körpern von vielen Leserinnen in ihren fast sexualisierenden und objektivierenden Anspielungen unangenehm sein.«

Auch die folgende Passage, eine Alltagsbeobachtung, stieß auf Ablehnung. »Aus dem Wald kommt eine ältere Frau in schlichter Kleidung, wir sprechen kurz mit ihr; über der Schulter trägt sie ein Stück Holz, so lang wie sie selbst, so dick wie eine ausgestreckte Hand. Das Afrika südlich der Sahara ist ein Kontinent ohne Lasttiere. Immer noch übernehmen Menschen diese Rolle.« Vorschlag: strei-

2 Alle folgenden Zitate: Sieg 2023, S. 60–61.

chen. »Sie scheinen konsequent am liebsten Punkte herauszusuchen, die das Klischee der afrikanischen Rückständigkeit bestätigen. Da Sie das bereits häufig getan haben, könnten Sie diese Anekdote streichen und für mehr Ausgewogenheit vielleicht mal über Aspekte nachdenken, in denen afrikanische Länder oder Personen Vorreiter*innen sind.« Selbst die Beschreibung eines Bahnhofsgebäudes erregt Argwohn. »Moshi gehört zu den wenigen Städten südlich der Sahara, die einen Bahnhof haben. Das gelbe, zweistöckige Bahnhofsgebäude sieht aus wie ein deutscher Provinzbahnhof aus dem 19. Jahrhundert, tatsächlich wurde es 1911 von den Deutschen gebaut.« Der Kommentar: »Hier klingt wieder ein leichtes Lob für die Kolonialisten durch, womit Sie die Gräueltaten dieser Zeit verharmlosen. Überlegen Sie sich, ob Sie das wollen.« Das will der Verfasser natürlich nicht, aber vor dem Vorwurf, er reproduziere kolonial-rassistische Sichtweisen, kann er sich ohnehin nicht mehr schützen.

Ein letztes Beispiel: Der Autor berichtet, dass die Menschen in Schwarzafrika viel Sinn für soziale Beziehungen haben, sich aber weniger für die Pflege und den Erhalt von Sachen interessieren. Die Reaktion auf diese arglose Feststellung fällt wiederum äußerst harsch aus: »Diese beleidigende Beobachtung, die zwar Ihre subjektive Meinung ist, können Sie besser für sich behalten.« Nach langem Hin und Her erscheint das Buch dann doch noch, mit geändertem Titel, zahlreichen Korrekturen und Streichungen. Nicht ohne eine abschließende Warnung. Der Autor habe Glück gehabt, nach den Black-Lives-Matter-Demonstrationen hätte der Verlag das Buch ohnehin nicht mehr publiziert.

Auch in den allgemeinen Sprachbereich wird beständig korrigierend eingegriffen, ganz im Sinne eines Orwellschen Neusprech. Was als anrüchig gilt, soll gelöscht werden – so, als seien Worte identisch mit Taten. Diese Entwicklung hat längst weite Kreise erfasst. Um eine »verletzende Sprache« zu vermeiden, sollten an der Eliteuniversität Stanford, wenn es nach dem Willen ihres IT-Departments geht, annähernd 200 Begriffe aus dem Sprachgebrauch verbannt werden (»Elimination of Harmful Language Initiative«). Jost Joffe hat an Hand von Beispielen illustriert, wie eine solche gereinigte Sprache aussieht. »Blindstudien« dürfe es dann keine mehr geben, sie diskriminierten Menschen mit Sehproblemen, »schwarze Schafe« auch nicht, denn dieser Begriff setze Dunkelhäutige herab. Immigranten werden zu Menschen, die eingewandert sind, Prostituierte zu Sexarbeiterinnen, Senioren zu »älteren Erwachsenen«. Wer Suizid begeht, werde durch diese Bezeichnung geschädigt, da sie die Erfahrungen einer psychischen Erkrankung trivialisiere. »Weiter müsse ›Sträfling‹ der ›Person, die eingekerkert ist‹, weichen. Denn kein Mensch dürfte nach einer ›einzigen Eigenschaft‹ beurteilt werden. Das Ganze mache den Mann aus, nicht nur seine Zuchthaus-Nummer.« Von behinderten Menschen solle aus eben diesem Grund nicht mehr gesprochen werden. »Von Übel sei auch das Verb ›to master‹ – wie ›eine Aufgabe meistern‹. Denn das Substantiv [Master] erinnere an weiße Herrenmenschen, die ihren schwarzen Sklaven Würde und Willen geraubt hätten, indem man sie wie Vieh behandelt hätte. ›Chief‹ (Häuptling) sei kolonialistisch, weil das Wort die ›Struktur indigener Gemeinschaften trivialisiert.‹«[3] Die Reihe der Beispiele ließe sich beliebig erweitern. Begriffe wie »Ghetto« oder »Gang« sollen eliminiert werden, weil sie mit Schwarzen assoziiert sind, ebenso die »Blackbox« (statt dessen: Flugschreiber) oder der »brown bag lunch«, eine braune Tüte, in der sich Hochschulangehörige ihr Sandwich mitbringen. Die sprachliche Neufassung, die niemanden kränke, der sich an dem Begriff »brown« stört, heißt nun: »lunch and learn«.

Aufgrund der Kritik, die diese Initiative hervorgerufen hat, ist die Stanford University inzwischen zurückgerudert. Bei den Vorschlägen habe es sich nur um einen internen Sensibilisierungsprozess der IT-Abteilung gehandelt, der zu keiner Reglementierung führen sollte. Der nächste Versuch zur »woken« Zurichtung der Sprache wird aber sicherlich nicht lange auf sich warten lassen.

3 Joffe 2023, S. 16.

Die neue Form des »Cambridge Dictionary« hat sich von der herkömmlichen Definition von Mann und Frau verabschiedet. Frauen sind inzwischen auch diejenigen, die als Frauen leben und sich so fühlen, unabhängig von ihrem Geburtsgeschlecht. Im »Oxford English Dictionary« verhält es sich nicht anders. Das, was bisher mit dem Wort Frau assoziiert wurde, wird außer Kraft gesetzt.

Doch damit nicht genug: Auch die Anrede »Damen und Herren« soll inzwischen vermieden werden, da sie andere Geschlechter ausschließe und patriarchal geprägt sei. Wie weit die Versuche gediehen sind, das Bewusstsein sprachkorrigierend zu verändern, zeigt sich bis in höchste politische Ebenen hinein. In der Geschäftsordnung des US-amerikanischen Kongresses ist 2021 eine wichtige Veränderung erfolgt. Geschlechtsspezifische Ausdrücke wurden getilgt und durch geschlechtsneutrale ersetzt. Auf binäre Anreden soll verzichtet werden, von Vätern und Müttern nicht mehr die Rede sein, statt dessen von Eltern. Brüder und Schwestern werden zu Geschwistern. Das Einführungsgebet zur Eröffnung der 117. Legislaturperiode endete mit den Worten »Amen and A-woman«. Allerdings hat, wie Joffe anmerkt, »Amen« nichts mit Geschlecht zu tun. Es ist eine Bekräftigungsformel aus dem Hebräischen, etwa »So soll es sein!«[4]. Auch wenn eine

4 Joffe 2023, S. 16.

persönliche Sprachverpflichtung aus der Geschäftsordnung nicht hervorgeht, Orwells Wahrheitsministerium hätte seine Freude daran gehabt.

Die Empfehlung, sich einer gendersensiblen Sprache zu bedienen, ist nicht so harmlos, wie sie auf den ersten Blick erscheinen mag. Ihre Wirkung dürfte sie nicht verfehlen, denn die Furcht vor Sanktionen bleibt nicht aus – weder an Universitäten noch in Firmen und Amtsstuben. Das ist keine neurotische Phantasie Überängstlicher. Die Fakten sprechen für sich. Die Nichtbeachtung der gendersensiblen Sprachregelungen bei eingereichten Seminararbeiten wird nicht selten moniert, Abzüge bei Noten gibt es tatsächlich, auch wenn sie widerrechtlich erfolgen. Auch eine Universitätskarriere kann recht schnell ins Stocken geraten, wenn es an Genderkompetenz mangelt.

Um einfache sprachliche Veränderungen oder Angleichungen geht es hierbei wahrlich nicht. Vielmehr soll die Gesellschaft auch über die Sprache in ihrer Grundstruktur umgestaltet werden, geleitet von der unerschütterlichen Gewissheit, für das Gute und den gesellschaftlichen Fortschritt einzutreten. Wer anders denkt, ist im besten Fall noch nicht so weit, er muss vom Gegenteil überzeugt werden, um seine frauenfeindlichen, rassistischen, homo- und transphoben oder sonst wie störenden Haltungen aufzugeben. Das noch viel größere Problem sind die Unbelehrbaren und Widerspenstigen, die Rechten sowieso, die bornierte Mehrheitsgesellschaft, die aus innerer Überzeugung der Befreiungsagenda widerspricht. Wahlweise handelt es sich bei ihnen um einzelne schuldbehaftete Personen, um Repräsentanten übergreifender Strukturen wie des Patriarchats oder der westlichen Kultur. An der Spitze aber steht der alte weiße Mann, die Quelle allen Übels, der Erbfeind der Menschlichkeit.

Es erstaunt, mit welcher Heftigkeit gekämpft wird, um eine neue moralische Ordnung durchzusetzen, und welche Strategien dafür verfolgt werden. Der Zweck heiligt die Mittel. Berufliche Existenzen werden in Frage gestellt, Rufschädigungen lustvoll herbeigeführt, Rede- und Publikationsverbote im Namen des unantastbaren Guten gefordert. Und dies mit großer Selbstgewissheit: Die Umstände seien es, die zu diesem Vorgehen zwingen, die persönliche Betroffenheit lasse keine andere Möglichkeit zu.

Dabei klaffen die Kriterien, nach denen geurteilt wird, auseinander, gewaltig sogar. Für die eigene Gruppe wird eine hohe Sensibilität eingeklagt, die ihrer Verletzlichkeit Rechnung tragen soll. Mit der Forderung nach »Safe Spaces«, die temporär vor allem Unbill des Lebens schützen sollen, wird dies auf die Spitze getrieben. Diejenigen, die selbst auf jegliche Form von Mikroaggression hochempfindlich reagieren, haben aber keine Hemmungen, andere heftig anzugreifen, sie zu entwerten und zu beschämen. Für diese gelten völlig andere Maßstäbe: Wer eine missliebige Meinung vertritt, habe eben jeden Schutzanspruch verloren. Er darf brutal attackiert werden, weil die gesellschaftlichen Strukturen ihn stützen. Das verleihe ihm eine einzigartige soziale und psychische Stärke. Insofern habe eine solche Person auch bei Cancel-Aktionen nichts zu erleiden. Jedenfalls nichts, was von irgendeinem Gewicht im Vergleich zum Schicksal der anderen Gruppe wäre.

Neu ist ein solches Phänomen nicht. Spaltungen gibt es seit eh und je und damit archaische Versuche der Schuldabwehr. Ein kaum noch zu steigerndes Beispiel: »Wenn ich alles zerstöre, so ist das der Beweis dafür, dass dieses Alles zerstört werden muß, weil es ganz und gar schlecht ist. Es ist also der Beweis dafür, daß die Gesellschaft allein schlecht und aggressiv ist, und daß ich nicht aggressiv, sondern unschuldig bin.«[5] Diese Worte Rudi Dutschkes zeigen, wie sehr die eigenen Aggressionen legitimiert werden und wie zugleich die Unschuld gewahrt bleiben soll. Das gilt auch für Theresia Degener, die ehemalige Vorsitzende des Ausschusses der Vereinten Nationen für die Rechte von Menschen mit Behinderungen. Sie bezeichnet das »deutsche Bildungssystem ... [als ein] an Apartheid grenzendes Aussonderungssystem«[6], weil es in sich gegliedert ist und Sonderschulen umfasst.

5 Zit. nach Lebovici/Crémieux 1974, S. 205.
6 Degener 2018, S. 7f.

Das ist angesichts der Geschichte der Apartheid ein äußerst heftiger, auch die Lehrerschaft verletzender Vorwurf, die zum Handlanger dieses Systems erklärt wird. Doch die Berufung auf die Inklusion als Menschenrecht (mit Verweis auf die UN-Behindertenrechtskonvention) und die Überzeugung, von der Einheitsschule ginge eine erlösende Kraft aus, gelten als ausreichender Grund, um einen solchen massiven Angriff zu legitimieren. Auch die Behauptung, die westlichen Gesellschaften seien bis heute tiefgehend vom Rassismus durchtränkt, befördert ein Dauerfeuer von Anklagen, die sich auf eine höhere Moral berufen. All diese Beispiele folgen einem gemeinsamen Prinzip. Sie eint, dass jeweils aus einer Opferposition heraus agiert wird, der eine Befreiungsvision gegenübersteht.

Ein solcher Eifer setzt ein gehöriges Maß an Realitätsverkennung voraus. Auf der einen Seite stehen die eindeutig Guten, auf der anderen die unzweifelhaft Bösen. Erstaunlich und zugleich erschreckend ist, dass auch ansonsten intellektuell differenzierte und gebildete Personen nicht davor gefeit sind. Über lange Zeit haben führende westliche Intellektuelle bedingungslos an der kommunistischen Utopie festgehalten, auch zu Zeiten, in denen die Gräuel des Stalinismus längst bekannt waren. Sartre steht als prominentes Beispiel dafür, ebenso Ernst Bloch. Ein hohes Ideal sollte wider besseren Wissens gerettet werden, um jeden Preis, auch wenn den Opfern dadurch erneut Unrecht geschieht. Es handelt sich dabei um eine Verleugnung: Die Fakten selbst sind bekannt, nur wird ihnen keine Bedeutung zugemessen. Oder es liegt eine bewusste Täuschung vor, die der guten Sache dienen soll.

Heute findet sich ein entsprechendes Phänomen gegenüber islamischen Ländern, die radikalen identitätspolitischen Kräften als Speerspitze im Kampf gegen die westliche Welt gelten. Menschenrechtsverletzungen, die dort alltägliche Praxis sind, werden bagatellisiert. Das eigentliche Problem sei ein universalistischer Blick, der anderen, wie etwa dem Iran, aufgezwungen werden soll. Kulturelle Eigenheiten würden nicht akzeptiert, die alte koloniale Sicht sei ungebrochen und der westliche Drang zur Weltbemächtigung ebenfalls. Weibliche Genitalbeschneidungen erscheinen dann eben auch nicht mehr als das, was sie sind, nämlich Grausamkeiten mit lebenslangen Folgen. Weitaus verderblicher sei etwas ganz anderes: die kulturimperialistische Stigmatisierung und Ächtung, die nichtwestlichen Lebensformen entgegengebracht wird. »Der Begriff ›Genitalverstümmlung‹ besitze nur deswegen eine negative Bedeutung, so Meßmer, weil der Westen zu Kolonialzeiten den Orient als ein ›unzivilisiertes Anderes‹ ausgegrenzt habe.«[7] Die Verschleierung von Frauen wird als Triumph über den westlichen Lebensstil gefeiert. Frauen würden nicht zu einer Entblößung gezwungen, sie könnten sich dadurch

7 Basad 2018, S. 13.

den Zumutungen der westlichen Moderne entziehen. Geflissentlich übersehen wird allerdings, dass eine Verschleierung in der Regel nicht freiwillig erfolgt. Wer sich ihr entzieht, hat oft empfindliche Strafen zu fürchten.

In westlichen Demokratien haben sich die persönlichen Freiheitsgrade im Laufe der letzten Jahrzehnte beständig erhöht. Die Diskriminierung von Minderheiten ist deutlich zurückgegangen, und es besteht ein ernsthaftes und kontinuierliches Bemühen, diesen Weg fortzusetzen. Das führt jedoch nicht dazu, dass die Heftigkeit der Anklagen nachlässt. Noch nie gab es, so hat es aus »woker« Sicht den Anschein, so viele Menschen, die herabgesetzt und missachtet werden wie heute. Noch nie musste so entschieden für ihre Gleichstellung gekämpft werden.

Bei allen Fortschritten, die bisher erzielt wurden, ist offensichtlich, dass es auch künftig keine vollkommen diskriminierungsfreie Gesellschaft geben wird. Eine durchgängig gerechte Welt, die ohne Kränkungen und Zurücksetzungen auskommt, existiert nur in den kühnsten Phantasien, nicht aber im wirklichen Leben. Der Wunsch nach Erlösung von allen Übeln bleibt also unerfüllt. So wird auch die angestrebte Reinigung der Sprache nicht dazu führen, dass sich Haltungen in der gewünschten Weise ändern, zumal die neuen Sprachregelungen nicht aus der alltäglichen Kommunikation erwachsen sind, sondern von interessierten, oft elitären Kreisen verfügt werden. Die These, die Sprache präge das Denken, ist von einigem oberflächlichen Charme, ihre empirische Überprüfung steht jedoch weithin aus. So ist keinesfalls belegt, dass sich die Beziehung der Geschlechter in jenen Ländern grundlegend anders darstellt, in denen das Genus keine Rolle spielt. In Erwägung gezogen werden muss vor allem, dass die vermeintlich gendergerechte Sprache von der großen Mehrheit der Bevölkerung abgelehnt wird, und das mit steigender Tendenz. Achtzig Prozent der Hochschullehrer sprechen sich dagegen aus, dass es an Universitäten zu einer Zwangsverpflichtung zum »Gendern« kommt.

Das ist nur ein Beispiel dafür, wie sperrig sich die Realität gegenüber den weitreichenden Veränderungswünschen verhält. Das einzugestehen, kann von einer idealisierten Weltsicht aus sehr schmerzlich sein. Emotional hochbesetzte Überzeugungen müssten aufgegeben werden. Statt dessen werden die Bemühungen noch verstärkt: Die Kampfbereitschaft steigt, der Ton wird rauer, die Anklagen unerbittlicher. Endlose Konflikte sind damit vorprogrammiert. Hinzu kommt, dass auch Ziele definiert werden, die schon deswegen unerreichbar sind, weil korrigiert werden soll, was die »woken« Vorreiter für unveränderlich halten. Wenn der Rassismus nicht nur in die europäische Kultur fest eingeschrieben ist, sondern auch jedem einzelnen

Weißen, dann gibt es kein Entrinnen. Ob er will oder nicht, wie auch immer er sich antirassistisch betätigen mag, die Schuld des Weißseins währt bis in alle Ewigkeit. Das jedenfalls behauptet Robin diAngelo[8], eine prominente Vertreterin der »Critical Race Theory«, die übrigens selbst weiß ist. Um das böse Weiße in Schach zu halten, bedarf es einer Sisyphos-Arbeit, fortwährender Kraftanstrengungen und zugleich vergeblicher Mühen. Denn das böse Weiße wächst als eine Art Erbsünde mit jeder neuen Generation aufs neue heran, so wie auch die Opfer. Eine Versöhnung ist ausgeschlossen.

Weitaus nicht in dieser Schärfe, aber im Grunde ebenso angelegt sind diverse Formen der Cancel-Kultur. Sie wollen verhindern, dass »falsche« Meinungen und »schädliche« Haltungen geäußert werden. Unterbunden werden soll, was als unzumutbar und unerträglich empfunden wird, als schädigend und zerstörerisch. Damit verbindet sich die feste Überzeugung, dass mit bestimmten Personen keine fruchtbringenden Dialoge möglich sind, weil sie aufgrund ihrer festgefügten homophoben, transphoben, behindertenfeindlichen, sexistischen, rassistischen oder kolonialistischen Einstellungen Argumenten nicht zugänglich seien. Letztlich missachteten sie, und das ist der schwerste Vorwurf, die Menschenrechte und die Rechte von Minderheiten.

---

8 Neukirch 2020.

Ihnen dürfe deshalb keine Bühne geboten werden, um ihre verwerflichen Überzeugungen zu vertreten – keine Debatten, keine Diskussionen, vielmehr müssten sie entschieden bekämpft werden. Dies gilt besonders für die politische Rechte, die, je nach Definition, Einfluss bis weit in die Mitte der Gesellschaft hinein hat. Es drohen drastische Maßnahmen. Öffentliche Entschuldigungen und Schuldbekenntnisse werden eingefordert. Läuft dieses Ansinnen ins Leere, bleibt nur noch der soziale Ausschluss aus Diskursen und Institutionen.

Dieser Versuch eines Befreiungsschlages hat jedoch eine Kehrseite, die mehr oder weniger schnell hervortritt. Es wird kein Zustand herbeigeführt, der die Grabenkämpfe jemals befrieden kann. Eine »befreite Gesellschaft« rückt in immer weitere Ferne. Die für unerträglich gehaltene Situation existiert unbeirrt fort, denn die woke Weltsicht bedient sich massiver Projektionen. Der Gesellschaft wird eine genuine Feindseligkeit unterstellt, deshalb erscheint sie so abgrundtief bedrohlich und angsterregend, als eine ständige Gefahrenquelle, die nicht versiegen will. Schädigungs- und Vernichtungsphantasien breiten sich in der Folge aus, der Realitätsbezug wird herabgesetzt. Deshalb wird unterstellt: Wer an einer fachärztlichen Begutachtung festhält, leugne das Existenzrecht Transsexueller. Wer psychotherapeutisch eine Versöhnung mit dem Ursprungsgeschlecht für möglich hält, betreibe in Wirklichkeit eine Konversionstherapie. Wer die

Leihmutterschaft ethisch bedenklich findet, sei reaktionär und homophob, wer nach der Lebensgeschichte und der Herkunft eines dunkelhäutigen Menschen fragt, ein Rassist. All das sind absurde Behauptungen und Unterstellungen.

Je heftiger die Kämpfe werden, desto stärker schließen sich die identitätspolitischen Reihen. Bei erhitzten Emotionen, die immer wieder neu generiert werden, gilt ein unbedingter Zusammenhalt als unerlässlich, geradezu als überlebensnotwendig, um den feindlichen Kräften zu begegnen. Das Gruppeninteresse steht über allem. Was zählt, ist das gemeinsame Identitätsmerkmal. Die sowieso schon schwach ausgeprägten inneren Differenzierungen schwinden immer weiter.

Auch dieser Mechanismus ist dazu angelegt, den Glauben an die endgültige Befreiung aus den Zwängen der Gesellschaft am Leben zu erhalten. Solange an den Idealen festgehalten wird, erscheint alles andere als nachrangig. Gesellschaftliche Errungenschaften werden als bloßes Täuschungsmanöver behandelt, das dem wahren Fortschritt im Wege steht. Wer eine Idee in Frage stellt, die der Lebenswirklichkeit nicht standhält, wird mit Vorwürfen überhäuft. Oder in Freuds Worten: »[...] weil wir Illusionen zerstören, wirft man uns vor, daß wir die Ideale in Gefahr bringen.«[9]

---

9 Freud 1910, S. 111.

Binarität

»Die Wahrheit ist dem Menschen zumutbar«
Ingeborg Bachmann[1]

INZWISCHEN wird in einschlägigen akademischen sich progressiv wähnenden Milieus auch die biologische Binarität des Menschen in Zweifel gezogen. Sie sei ein bloßes Konstrukt, in Wahrheit gebe es mehr als zwei biologische Geschlechter oder ein Mischungsverhältnis von Männlichem und Weiblichem, das sich in Form eines Kontinuums niederschlägt. Das ist schwer nachvollziehbar.

Die biologische Definition des Geschlechts ist eindeutig. Sie erfolgt an Hand der Keimzellen, großer und kleiner Gameten, der Eizellen und Spermien, die für eine Reproduktion unerlässlich sind. Außerhalb dieser Binarität gibt es keine Fortpflanzung, Zwischenformen und fließende Übergänge kommen nicht vor. Insofern ist die Binarität der Motor allen menschlichen Lebens. Demnach steht jedem Menschen nur eine der beiden Möglichkeiten zur Verfügung. »Jedes Individuum ist universell von einer der beiden geschlechtlich gegebenen Möglichkeiten, an der Fortpflanzung teilzuhaben, von Anfang an definitiv ausgeschlossen.«[2] Störun-

1 Bachmann 1981.
2 Hansert 2023, S. 77.

gen der Entwicklung, wenn das Geschlecht nicht vollständig ausgeprägt wird, widersprechen diesem grundlegenden Prinzip nicht. Auch in diesem Fall erfolgt eine Ausrichtung, die in die eine oder andere Richtung weist.

Chromosomal wird das Geschlecht dahingehend definiert, ob ein Y-Chromosom vorhanden ist oder fehlt. Eine Zuordnung ist, von außergewöhnlichen Ausnahmen abgesehen, problemlos möglich. An der Binarität der Geschlechter ändert auch die Intersexualität nichts, eine sehr selten vorkommende Beeinträchtigung der somato-sexuellen Differenzierung, die in der Regel mit ernsthaften gesundheitlichen Problemen einhergeht. Nur eines von 4.500 neugeborenen Kindern ist davon betroffen. Die allermeisten Intersexuellen lassen sich dem einen oder dem anderen Geschlecht zuordnen, mit einer großen Zahl voneinander abgrenzbarer Störungsbilder, die jedoch aufgrund ihrer Heterogenität kein Kontinuum bilden. Ein drittes biologisches Geschlecht lässt sich aus der Intersexualität jedoch nicht herleiten. Dazu fehlt es an einem entscheidenden Merkmal, nämlich einem dritten Keimzelltyp. Oder auch einer neuen Chromosomenart. Sogenannte Zwitter, die beide Geschlechter vollständig in sich tragen (»echte Zwittrigkeit«), sind bisher nicht nachgewiesen worden. Aber selbst wenn es sie gäbe, würden sie kein neues Geschlecht repräsentieren, sondern lediglich die beiden bekannten in einem Körper vereinen.

Versuche, biologische Kernbestände aufzuheben, verlaufen deshalb wenig überzeugend. Sie rekurrieren auf seltene menschliche (pathologische) Phänomene wie eine 46XX/46XY-Ausstattung, die sich etwa 1,2 Mal unter 100.000 Personen findet. Hierbei geht ein Y-Chromosom im Laufe der Entwicklung verloren, so dass sich Merkmale beider Geschlechter entwickeln können, etwa Eierstock- und Hodengewebe – wenngleich nur unvollkommen ausgeprägt. Eine Zuordnung kann dadurch aus phänomenologischer Sicht schwierig sein. Unklar bleibt dabei wiederum, warum sich daraus ein neues biologisches Geschlecht begründen soll. Und noch dazu ein solches, das von universeller Bedeutung ist. Wenig hilfreich ist auch ein Rückgriff auf das Tierreich. Dort kommt es vor, dass das Geschlecht im Laufe des Lebens gewechselt wird. Etwa beim Borstenwurm oder dem Clownfisch, die zunächst das eine und dann das andere Geschlecht annehmen. Damit verbleiben sie allerdings im binären Modus. Als Referenzsystem für die menschliche Entwicklung sind sie ungeeignet. Weder haben sie eine geschlechtliche Identität noch können sie sich bewusst für einen Geschlechtswechsel entscheiden.

Eine inzwischen verbreitete Formel besagt, dem Kind werde bei der Geburt ein Geschlecht zugewiesen. Der Irrtum, der dieser Vorstellung zugrunde liegt, könnte kaum größer sein. Benannt wird, was existiert und jederzeit objektiv überprüfbar ist. Eine Zuweisung, die eine Wahloption enthält, ist schlichtweg unmöglich. Kein noch so starker Wille kann diese Realität aus der Welt schaffen, kein Sprachakt, keine soziale Konstruktion erzeugen, was es in Wirklichkeit nicht gibt.

Es sei hier daran erinnert, wie unterschiedlich körperliche Prozesse bei Männern und Frauen verlaufen. An der weiblichen Reproduktion beteiligt sind Vulva, Vagina, Uterus, Eierstöcke, Brüste. Rezeption, Schwangerschaft, Geburt und Stillen stellen hochkomplexe Phänomene dar, die an eine Körperlichkeit gebunden sind, die sich nicht nachträglich herstellen lässt. Selbst wenn sich medizinische Interventionsmöglichkeiten immer weiter verfeinern, ist ein vollständiger Wechsel von dem einen in das andere Geschlecht unmöglich. Es kann allenfalls um eine Annäherung gehen.

Für die meisten Erwachsenen, die eine körperliche Transition anstreben, steht dieses Faktum außer Frage. Wer sich intensiv mit ihren Folgen auseinandersetzt, weiß um eine solche Begrenzung, kann sich mit ihr versöhnen und dennoch versuchen, sich dem anzunähern, was ersehnt wird. Einem solchen Prozess gehen reifliche Überlegungen voraus, die Vor- und Nachteile einer Transition sorgfältig gegeneinander abwägen. Bei Kindern und Jugendlichen hingegen darf bezweifelt werden, ob ihnen die Reichweite einer so schwerwiegenden Entscheidung wirklich bewusst ist. Vor allem dann, wenn sie urplötzlich Transitionswünsche äußern, die als unaufschiebbar erlebt werden. Sie können wirklich davon überzeugt sein, dass ein Wechsel in das andere Geschlecht möglich ist, zumal ihnen das in einschlägigen Medien nahegelegt, wenn nicht gar versprochen wird. Hinweise auf psychische Risiken und gesundheitliche Gefahren sucht man dort häufig vergeblich.

Immer wieder erstaunt die Heftigkeit, mit der gegen die Binarität protestiert wird. Wer darauf besteht, dass es biologisch nur zwei Geschlechter gibt, bedrohe das Existenzrecht derer, die ihr Geschlecht wechseln wollen. Das verkündet nicht nur der Queer-Beauftragte der Bundesregierung, Sven Lehmann[3], diese Überzeugung steckt auch hinter den massiven Drohungen, die sich zum Beispiel gegen die Schriftstellerin Joanne K. Rowling oder die Philosophin Kathleen Stock gerichtet haben. Sie ist zur Leitlinie der Angriffe auf diejenigen geworden, denen vorgeworfen wird, sie verträten transphobe Haltungen, würden Transsexuelle ihrer Rechte berauben, sie demütigen und entwerten. Wer an der Binarität der Geschlechter festhält, einer wissenschaftlich erwiesenen Gegebenheit, gehört demnach ins Feindesland, unabhängig davon, welche Positionen er ansonsten vertreten mag.

Die Realitätsverleugnung, die dabei in Kauf genommen wird, ist offensichtlich. Elementare Differenzierungen wie die Unterscheidung zwischen biologischen, psychologischen und sozialen Fakten

3 Lehmann 2022, S. 4.

und Gesetzmäßigkeiten werden ausgeblendet. Sex und Gender, im Laufe der Ideengeschichte mühsam voneinander geschieden, sollen jetzt wieder ineinanderfließen. Dabei, oft übersehen, wusste schon Simone de Beauvoir: »Die Geschlechtertrennung ist eine biologische Gegebenheit.«[4]

Von nun an soll nur noch das subjektive Erleben übrigbleiben, als allein entscheidender Faktor, der es ermöglicht, das eigene Geschlecht vollständig zu definieren. »Transfrauen sind Frauen«, so lautet die dazugehörige, emotional aufgeladene Formel, unabhängig von der Körperlichkeit, die ohne essentielle Bedeutung bleibt. Wie weit sich diese Auffassung im Alltagsleben etabliert hat, zeigen Interviews mit amerikanischen Studenten. Die Frage Peter Boghassians »Würden Sie eine Transfrau ›daten‹?« wird fast durchgängig positiv beantwortet. Mit der immer gleichen Begründung: Es sei klar, dass es sich um eine Frau handele, denn schließlich bezeichne sie sich ja selbst so. Nur sie wisse um ihr Geschlecht, niemand sonst, deshalb dürfe auch niemand widersprechen. Die Befragten folgen diesem Schema pflichtgemäß, demütig geben sie in ihren Aussagen ein eigenständiges Urteilsvermögen auf, vermeiden jegliche Differenzierung. Darüber, welche lebenspraktischen Konsequenzen sich daraus ergeben, ist allerdings bislang nichts bekannt.

4 Beauvoir 2012, S. 15–16.

Zu einer erheblichen Aufregung hat ein Artikel geführt, der im Juni 2022 in der Tageszeitung »Die WELT« unter der Überschrift »Wie ARD und ZDF unsere Kinder indoktrinieren«[5] erschienen ist. Er beruht auf einem öffentlichen Aufruf, dem ein fünfzigseitiges Dossier zugrunde liegt. Kritisiert wird, dass wissenschaftliche Erkenntnisse in der Berichterstattung über Sexualaufklärung und Transsexualität nicht ausreichend beachtet oder gänzlich verleugnet werden, insbesondere basale naturwissenschaftliche Fakten. In den Sendungen fehle durchgängig eine Definition dessen, was aus biologischer Sicht das Geschlecht ausmacht, Verweise auf die biologische Binarität kämen nicht vor. Über die Transsexualität werde altersinadäquat berichtet und den Kindern unter Vernachlässigung des Kindesschutzes eine transaffirmative Haltung vermittelt. Ein Geschlechtswechsel erscheine dann wie ein gefahrenloses Kinderspiel, das jedem Kind eine freie Wahlmöglichkeit im Rahmen einer Vielgeschlechtlichkeit oder diverser Zwischenstufen lasse.

Die Empörung, die dieser Artikel hervorrief, war in ihrer Heftigkeit und Reichweite kaum zu überbieten. Die Wellen der Erregung schlugen hoch: Von Homophobie und Transfeindlichkeit war die Rede, von unerträglichen Diffamierungen und Menschenrechtsverletzungen. Gegenüber der »WELT« wurden

5 Hümpel et al. 2022.

schwere Vorwürfe erhoben, weil sie den Text publiziert hatte. Sie verbreite und unterstütze eine transfeindliche Propaganda, die sich den Deckmantel der Wissenschaft umgehängt habe.

Daraufhin meldete sich neben Ulf Poschardt, Chefredakteur der WELTN24 GmbH, auch Mathias Döpfner, Vorstandsvorsitzender der Axel Springer SE, zu Wort. Döpfner rechnet besonders heftig mit dem Text ab. »Der ganze Ton ist oberflächlich, herablassend und ressentimentgeladen«, wissenschaftlich »bestenfalls grob einseitig«. »Nicht weit entfernt von der reaktionären Haltung: Homosexualität ist eine Krankheit. Transsexualität ist Einbildung. Statt des freiheitlichen Geistes des ›jeder soll nach seiner Façon selig werden‹, raunt es hier vom Schutz der ›sittlichen Überzeugungen der Bevölkerung‹. Der Text hat einen Sound, der für jeden freien toleranten Geist unangenehm ist.« Besonders schmerzlich sei, dass die Axel Springer SE von einer queeren Jobmesse ausgeladen wurde, die sie seit 2010 unterstützt hatte. »[K]napp 18.000 Mitarbeiterinnen und Mitarbeiter dieses Unternehmens« würden jetzt »pauschal in Mithaftung genommen«[6], obgleich sich die Axel Springer SE seit langem aktiv mit ihrem globalen LGBTIAQ*-Netzwerk für das Anliegen queerer Menschen einsetze und unterschiedliche sexuelle Identitäten und Lebensformen ausdrücklich fördere.

6 Döpfner 2022.

Stein des Anstoßes ist, daran sei noch einmal erinnert, ein Rekurs auf biologische Realitäten, die als kränkend erlebt werden. Zur Frage, ob es richtig war, den Text zu veröffentlichen, könne man laut Döpfner verschiedener Auffassung sein. »Dass sich infolgedessen Menschen der LGBTIAQ*-Community verletzt oder herabgewürdigt gefühlt haben, spricht dagegen.«[7] Kränkungen genießen mittlerweile einen hohen Stellenwert. Der Presserat, der ebenfalls eingeschaltet wurde, hat allerdings keinen Verstoß gegen die publizistische Sorgfaltspflicht feststellen können, eine gruppenbezogene Diskriminierung sei ebenfalls nicht erkennbar.

Die britische LGBTQ+-Organisation Stonewall hat gefordert, dass Lehrer nicht mehr die Wörter Junge oder Mädchen in den Mund nehmen, ein gemischtgeschlechtlicher Sportunterricht stattfindet (mit Duschen nach Wahl) und der Begriff Mutter keine Verwendung mehr für eine Person findet, die Kinder bekommt. Einige britische Kliniken bereiten sich bereits auf begriffliche Neufassungen vor, um niemanden dadurch zu diskriminieren, dass geschlechtsspezifische Merkmale benannt werden. Eine Mutter wird zu einer gebärenden Person, »breast milk« (Muttermilch) zu »human milk« (Menschenmilch) oder der »Milch des stillenden Elternteils«, das »Füttern« (breastfeeding) zu »chestfeeding« (Brustkorb-Füttern). All das in der

7 Döpfner 2022.

Hoffnung, durch eine Sprachkorrektur lasse sich die Realität neu definieren.

Für Frauen ist das eine Zumutung. Ihnen soll etwas genommen werden, das nur ihnen gegeben ist; wahrheitswidrig wird ins Belieben gestellt, was sie einzigartig macht. Viele Feministinnen sehen darin eine äußerst bedrohliche Entwicklung, Chantal Louis spricht von einem »Verschwinden der Frauen«, das planmäßig herbeigeführt werden soll. Frauen werden zu einer Manövriermasse sprachlicher Konstruktionen.

Das hat zu heftigen Konflikten zwischen Feministinnen und der LGBTQ-Gemeinschaft geführt. Feministinnen wird vorgeworfen, sie seien transfeindlich, weil sie »Transfrauen«, zumal ohne operative Eingriffe, nicht bedingungslos als Frauen anerkennen. Ihr Verweis auf biologische Realitäten sei Ausdruck einer zutiefst reaktionären, menschenverachtenden Gesinnung. Dagegen setzen sich Feministinnen zunehmend in vielen Ländern zur Wehr. Auch in LGBTQ-Verbänden gibt es interne Konflikte. Etliche Lesben und Schwule fühlen sich dort inzwischen an den Rand gedrückt. Die Queer-Theorie sei so dominant geworden, dass sie bezweifeln, ob sie mit ihren Interessen dort noch richtig dazugehören.

An dem Versuch, das biologische Geschlecht auszulöschen, hat sich auch die »Tagesschau« beteiligt, die Mütter in gebärende und entbindende Personen umbenannt hat, wiederum aus Antidiskriminierungsgründen. Wobei nicht bedacht wurde, dass es sich bei Gebärenden um Mütter handelt, bei Entbindenden um Geburtshelfer. Erst ein Proteststurm seitens der Gebührenzahler führte dazu, dass die ARD diese sprachliche Neuschöpfung zurücknahm. Vielleicht nur vorerst.

Der Kampf gegen die Binarität der Geschlechter wird deshalb so hartnäckig geführt, weil sie der Vision widerspricht, der Mensch könne sich zum alleinigen Bedingungsfaktor seines Daseins erheben. Via Selbstkonstruktion, die sich über das Psychische und Soziale hinaus bis in das Körperliche erstreckt und sich damit der letzten Zone der Unverfügbarkeit bemächtigt. Jedem soll alles möglich sein, bar jeder inneren und äußeren Beschränkung. Diese Vorstellung hat seit dem Aufkommen postmodernen Denkens beständig an Einfluss gewonnen. Sie wird durch die Biologie am empfindlichsten gestört, weil diese die »Illusion grenzenloser Verfügbarkeit«[8] über das Leben entlarvt. Wer sich dieser Einsicht anschließt, kann sich inzwischen auf einiges gefasst machen, auch wenn es sich um Transsexuelle handelt wie Caitlyn Jenner, ehemals Bruce Jenner und Olympiasieger im Zehnkampf. Sie gilt inzwischen als Renegatin, weil sie keinen Zweifel daran lässt, dass es biologisch nur zwei Geschlechter gibt. Über sich selbst sagt sie: »Ich bin

8 Teising/Burchartz 2023.

keine biologische Frau, und das erkenne ich an.« Und gegenüber anderen Frauen: »Ich werde nie gleich sein wie sie.«[9]

Eine »konstruktivistische Naturverleugnung« (Türcke), wie sie Judith Butler[10], die Ikone der Genderbewegung, seit Jahrzehnten betreibt, ist Jenner also fremd. Wobei die von Butler erzielte Breitenwirkung immens ist. Eine Differenz zwischen »sex« und »gender«, dem biologischen und sozialen Geschlecht, will sie nicht mehr gelten lassen, beide seien die Folge sprachlicher Zuschreibungen, die gesellschaftliche Machtverhältnisse widerspiegeln. Butler beschäftigt sich ausschließlich mit gedanklichen Abstraktionen über Mann und Frau, ihre theoretischen Konstrukte sperren den lebendigen Menschen aus. Von dessen Erleben, seinen inneren Konflikten, dem Verhältnis zu seinem Körper versteht sie nichts. Hier herrscht eine Leerstelle, mit der Caitlyn Jenner nichts anfangen kann.

---

9 Nach Baumann-Rüdiger 2023, S. 20.
10 Butler 1991.

Offenbarungsverbot

> »Und ist man näher bei sich selbst, wenn man die eigene Vergangenheit leugnet?«
>
> *Benedict Neff*[1]

IM neuen Selbstbestimmungsgesetz wird ein »sanktionsbewehrtes Offenbarungsverbot« verfügt. Das einem geänderten Geschlechtseintrag vorausgehende Geschlecht darf demnach nicht ohne Zustimmung der Betroffenen »offenbart oder ausgeforscht«, der vorherige Zustand nicht mehr benannt werden. Anderenfalls droht ein Bußgeld, das bis zu 10.000 Euro betragen kann. In Norwegen existiert bereits seit 2020 ein entsprechendes Gesetz, das den »Geschlechtsausdruck« und die »Geschlechtsidentität« unter besonderen Schutz stellt. Im Falle eines Verstoßes sind dort drakonische Strafen möglich, ebenso wie in Großbritannien oder den USA.

Eine Namensänderung hat weitreichende Folgen. Wenn ein neuer Geschlechtseintrag erfolgt ist, kann verlangt werden, »dass auch Einträge zu ihrem Geschlecht und ihrem Vornamen in anderen amtlichen Registern geändert werden, wenn dem keine besonderen Gründe des öffentlichen Interesses entgegenstehen«. Entsprechend gilt, dass »amtliche und

1 Neff 2023, S. 9.

nichtamtliche Dokumente, soweit diese Angaben zum Geschlecht und zu den Vornamen enthalten, mit dem geänderten Geschlechtseintrag und den geänderten Vornamen neu ausgestellt werden«[2]. Dokumente solcher Art sind Zeugnisse und andere Leistungsnachweise, Ausbildungs- und Dienstverträge, Besitzstandsurkunden, Führerscheine, Sozialversicherungs- und Krankenversicherungsausweise, Zahlungskarten und Sterbeurkunden im Falle des Todes von Ehegatten. Der Staat beglaubigt damit fiktionale Biographien, die vor Diskriminierung schützen sollen.

Ein Schutz vor Diskriminierungen ist bereits im Artikel 3 des Grundgesetzes enthalten, auch hinsichtlich des Geschlechts, darauf hat jeder Mensch ein Anrecht. In diesem Sinne müssen auch Transsexuelle vor Entwürdigungen und Herabsetzungen bewahrt werden. Das ist eine kulturelle Errungenschaft, hinter die nicht zurückgefallen werden darf.

Das mit einem Offenbarungsverbot versehene Selbstbestimmungsgesetz enthält jedoch eine problematische Besonderheit. Der Lebenslauf soll umgeschrieben werden, damit ein biographisch äußerst wichtiger Baustein, das ursprüngliche biologische Geschlecht, nicht mehr in Erscheinung tritt. So, als habe es nie existiert. Das Ziel ist ein möglichst unbelasteter Neuanfang. Deshalb soll die Umwelt nichts von der Vorgeschichte der betreffenden Per-

---

2 Selbstbestimmungsgesetz 2023, § 10.

son erfahren und unter Strafandrohung davon abgehalten werden, sich zu informieren. Die englische Sprachformel des »dead name« gibt treffend wieder, worum es hier geht. Die Vergangenheit soll endgültig und unwiderruflich begraben werden.

Das setzt allerdings voraus, dass alle Beteiligten einen Teil der Wirklichkeit aus ihrem Gedächtnis und Erleben fernhalten. Damit wird eine Realitätsverleugnung eingefordert, ja geradezu eingeklagt, die jeglicher empirischen Grundlage entbehrt, im Sozialen und Psychologischen, sowohl für die Betroffenen selbst als auch die sie umgebenden Personen. Die Betroffenen sind sich ihrer Situation genau bewusst. Die Geschlechtsumwandlung oder genauer die Angleichung an ein anderes Geschlecht stellt ein lebensgeschichtlich äußerst bedeutsames, die Persönlichkeit stark berührendes Ereignis dar. Häufig geht dem eine über Jahre währende intensive Beschäftigung mit diesem Thema voraus, oft ein intensives Ringen mit sich selbst, auf einem Weg, der ausgesprochen schwierig ist und Respekt verdient. Wenn alle Dokumente vom Lebensbeginn an gelöscht sind, geht eine sie prägende Besonderheit verloren, und das ist dem Offenbarungsverbot auch beabsichtigt. Das Trans-Sein wird damit trivialisiert.

Im Hintergrund steht die sehr spezielle Annahme, das Geschlecht sei nur eine soziale und psychische Konstruktion, losgelöst von der materiellen Realität, dem biologischen Geschlecht als naturgegebenem Faktum. Ein Geschlechtswandel gerät dadurch in ein gänzlich anderes Licht. Es entstehe gar nichts Neues, in die Welt gesetzt werde nur, was sowieso als innere Wahrheit existiert: die unumstößliche Gewissheit über eine der Person innewohnende Geschlechtsidentität. Nur die Empfindung soll zählen. Jedem komplexen und dynamischen Geschehen wird eine Absage erteilt.

Dem haben auch Transsexuelle wie Debbi Hayton, Corinna Cohn oder Till Amelung widersprochen, die für eine intensive und ergebnisoffene Reflexion plädieren, unter Anerkennung biologischer Tatsachen, ohne dass es zu ideologischen Überfrachtungen kommt, die freie Denkräume verschließen. Das werde dem Für und Wider einer Transition, die vielfältige Facetten hat, am besten gerecht. Renate Försterling, eine transsexuelle Ärztin für Innere Medizin, Psychotherapie und Sexualmedizin, warnt entschieden davor, dass folgenschwere, lebenslang wirksame Entscheidungen bereits in einem sehr jungen Lebensalter aufgrund einer vermeintlichen inneren Gewissheit getroffen werden.

Frappierend ist, wie im Queer-Jargon zwei unvereinbare Sichtweisen zueinanderfinden. Einerseits wird behauptet, das Geschlecht sei nur mehr sozial konstruiert und deshalb fast beliebig veränderbar. Andererseits wird ebenso vehement die Auffassung vertreten, im Falle der Transsexualität existiere ein existentieller Wesenskern, der keine andere Wahl lasse.

Ein weiterer problematischer Aspekt, der das Offenbarungsverbot betrifft, besteht hinsichtlich der Außenwirkung. Eine Transition gelingt nie vollständig. In der persönlichen Begegnung wird in aller Regel schnell offensichtlich, dass auch hormonelle und chirurgische Eingriffe daran nichts ändern. Unterschiede im Körperbau und der Physiognomie, in den Bewegungen, der Stimmlage, Mimik und Gestik bleiben erhalten. Sie lassen sich trotz aller Bemühungen nicht aus der Welt schaffen. Eine Person registriert also, wenn ihr Gegenüber einen Transitionsprozess durchlaufen hat, im Falle einer bloß sozialen Transition um so mehr.

Dies an sich muss kein Problem darstellen. Die Wahrnehmung dieses Faktums sagt noch nichts darüber aus, wie sie bewertet wird und welche Konsequenzen sich daraus ergeben. Einer akzeptierenden und wohlwollenden Haltung steht sie per se nicht im Weg. Genausowenig wie das Wissen um die biologische Binarität der Geschlechter. Die Behauptung, wer Unterschiede beschreibt, verurteile auch zwangsläufig, ist nichts als ein hartnäckiges Vorurteil.

Mit einer ähnlichen Problematik sind wir auch in anderen Bereichen konfrontiert, etwa, wenn Begriffe getilgt werden sollen, um Diskriminierungen zu vermeiden. Vorrangig im Inklusionsdiskurs wird zum Beispiel gefordert, der Behinderungsbegriff müsse aufgegeben werden, weil er beschäme und herabsetze. Frei nach dem Motto: Wir sind alle behindert, der eine mehr, der andere weniger. Es gebe nur graduelle Unterschiede, die angesichts dessen, was Menschen allgemein verbindet, vernachlässigt werden können.

Ob sich das erstrebte Ziel dadurch erreichen lässt, darf in diesem Fall ebenso wie bei der Transsexualität bezweifelt werden. Unübersehbar ist, welche verqueren Beziehungskonstellationen dadurch entstehen. Uwe Schimank beschreibt sie so: »Kann man wirklich annehmen, dass die Behinderten nicht bemerken, wie sehr ihre Umwelt sich verbiegt, um sich möglichst nicht anmerken zu lassen, dass sie über den Unterschied – der diese verkrampften Bemühungen erst evoziert – nicht hinwegsehen kann? Je nachdem kann ein Behinderter darauf auftrumpfend reagieren – ›Das ist mein Recht!‹ – oder verund beschämt reagieren; und beides sorgt nicht gerade dafür, dass er sich ungezwungen in seiner Umgebung zu entfalten vermag.«[3]

Zutreffend ist vielmehr: Eine wirkliche Akzeptanz, eine »Beziehung auf Augenhöhe«, kann erst dann entstehen, wenn das Gegenüber umfassend als Person in den Blick gerät. Mit der Fülle ihrer Eigenschaften, ihren Wünschen und Bedürfnissen, die sie aktuell auszeichnen, aber auch mit ihrer Lebensgeschichte, die keine absichtlich herbeigeführten Lücken enthält. Das ist die Voraussetzung dafür,

3 Schimank 2013, S. 172.

dass eine takt- und respektvolle Begegnung gelingen kann. Wahrnehmungsverbote sind wenig hilfreich, Strafandrohungen fördern weder Sensibilität noch Empathie. Andernfalls bleibt es bei dem schönen, gleichwohl trügerischen Schein des Einvernehmlichen, der auf einem halbierten Blick beruht. Für die Betroffenen ist das folgenschwer: Bei der Transsexualität wird ihnen – von hoher staatlicher Stelle – vermittelt, dass sie auf eine institutionell verfügte Verleugnung angewiesen sind, damit sie ihr Leben besser bewältigen können. Eine andere Möglichkeit wird ihnen nicht zugetraut. Das ist bevormundend und infantilisierend zugleich.

Jeder Mensch sollte sich mit der eigenen Lebensgeschichte auseinandersetzen, wie immer sie ausfällt, nur so kann er Zugang zu sich finden. Die Beschäftigung der Psychoanalyse mit der Vergangenheit dient deshalb keinem Selbstzweck. Niemand wusste das besser als Erik Homburger Erikson,[4] der beschrieb, wie sich die Identität eines Menschen aus den aufgeschichteten Lebenserfahrungen zusammensetzt. Die Erfahrungen der einzelnen Lebensphasen müssen integriert werden, erst dann kann ein stimmiges, ein differenziertes Bild der eigenen Person entstehen. Kein Teil darf fehlen, keine wichtige Lebenserfahrung ausgeschlossen werden.

---

4 Erikson 2003.

Das Vergangene interessiert also nicht aus nostalgischer Rückwärtsgewandtheit. Es kehrt in der Gegenwart wieder, fließt in das aktuelle Erleben ein, in die Art und Weise, wie sich jemand betrachtet und bewertet, Beziehungen gestaltet und mit Konflikten umgeht. Nicht als der allein dominierende Faktor, sehr wohl aber als eine Größe, die keine Vernachlässigung erlaubt. Dies schließt elementare Fakten des Lebens wie familiäre Strukturen, in denen jemand aufwächst, die soziale Herkunft oder das bei der Geburt vorhandene Geschlecht ein. Frühe Beziehungserfahrungen bilden den Hintergrund für die weitere Entwicklung. Entscheidend ist dabei, wie die Lebensumstände und -erfahrungen subjektiv verarbeitet werden und sich intrapsychisch niederschlagen, in einer fortwährenden Auseinandersetzung mit sich selbst.

Das Selbstbestimmungsgesetz will einen Teil der Lebensgeschichte außer Kraft setzen, aufgrund biographischer Umschreibungen und mit Hilfe des Offenbarungsverbots. Für transsexuelle Menschen wird damit ein Sonderstatus konstruiert, der sie aus den allgemeinen Gesetzmäßigkeiten des Lebens herauslöst. Ihre Möglichkeiten der Selbstreflexion und Selbstaufklärung werden beschnitten, denn es ist der eigene Lebenslauf, der die Transitionswünsche überhaupt erst hervorgebracht hat. Für ihre Identitätsbildung und psychische Gesundheit ist das kein Vorteil. Es sei denn, der geschichtslose Mensch wird zum Ideal einer neuen Aufklärung erkoren, die nur noch das Unmittelbare kennt, an das ihn seine Selbstkonstruktionen bindet.

Inzwischen mehren sich die Stimmen, die auch historische Zeugnisse aus dem Gedächtnis tilgen wollen, gestützt auf eine Moral, die keinen Widerspruch duldet. Bei Worten bleibt es nicht: Denkmäler werden gestürzt, Kunstwerke sollen aus Museen verschwinden, Filme und Theaterstücke nicht mehr aufgeführt und Schriften, auch Klassiker des Bildungskanons, aus den Bibliotheken entfernt werden. Verlage schreiben Bücher um, nehmen Titel aus dem Programm oder verzichten auf Neuauflagen. Dahinter stehen gezielte, oft gut koordinierte Aktionen sogenannter Aktivisten, die eine erhebliche Breitenwirkung erzielt haben, vor allem in den USA, in Großbritannien und Frankreich. Ihr Einfluss wächst auch hierzulande.

Was mittlerweile als nicht hinnehmbar, als diskriminierend und/oder verletzend gilt, bemisst sich anhand der affektiven Betroffenheit, die von einzelnen Personen oder Gruppen in Anschlag gebracht wird. Eine von historischer Last befreite Gesellschaft scheint nur möglich, wenn die Geschichte korrigiert, die Kultur eines Teils ihrer Erinnerung beraubt wird. Das Böse, gefährlich Erscheinende, Irritierende soll im Namen des Fortschritts ausgeschaltet werden. In der unerschütterlichen Gewissheit, darüber entscheiden zu können, was heute aufgeklärt, wahrhaft human und moralisch zwingend ist. Doch »(e)ine Moral ist immer auch eingebunden in ihre Zeit, in bestimmte historische Umstände. Sie nistet sich ein in Narrative und Diskurse. Nur ein differenzierter Blick erlaubt es zu verstehen, was sich in der Vergangenheit ereignete, warum eine Person Bedeutung erlangte, ihr Denken relevant und ein Kunstwerk berühmt wurde. Es ist schlichtweg fahrlässig und unhistorisch, in Absehung dieser Umstände unsere heutige moralische Elle zur Bemessung der Moral früherer Zeitgenossen anzulegen.«[5]

Eine Parallelität zwischen der Löschung lebensgeschichtlicher Fakten, die das Selbstbestimmungsgesetz vorsieht, und historischen Zeugnissen, die eliminiert werden sollen, ist offensichtlich. Daraus ergibt sich eine paradoxe Situation. Auf der einen Seite soll es möglich sein, lebensgeschichtliche Fakten und historische Zeugnisse aus dem Gedächtnis zu entfernen, so, als hätte es sie nie gegeben. Die Geschichte lasse sich dann, so lautet die hoffnungsvolle Erwartung, neu schreiben, ohne eine belastende Vergangenheit, in Übereinstimmung mit aktuellen Einsichten und Befindlichkeiten. Ganz im Sinne eines unbeschwerten Neubeginns.

Andererseits wird entschieden darauf bestanden, dass die Vergangenheit unbeeinflussbaren Gesetzmäßigkeiten folgt. Auf der persönlichen Ebene in Form einer transsexuellen Identität, die nicht

---

5 Ackermann 2022, S. 66 f.

hinterfragt werden darf, weil sie eine unumstößliche individuelle Wahrheit repräsentiert, die lebensgeschichtlich vorgegeben ist. Gesellschaftlich und kulturell, indem vor allem eine rassistische und koloniale Vergangenheit als unentrinnbares Schicksal dargestellt wird, das seine Kraft bis heute entfaltet. Von dieser historischen und aktuellen Schuld könne sich die westliche Welt nicht befreien, was immer sie auch tun mag. In diesem Punkt soll es also keinerlei Spielräume geben.

Transsexualität ist zu einem großen Thema der Zeit geworden. Auf den ersten Blick mag das erstaunen, da es sich bei den Betroffenen um eine sehr kleine Gruppe handelt. Es muss also etwas anderes geben, das die exponierte Stellung erklärt, die diesem Thema eingeräumt wird. Identitätspolitisch agierende Gruppierungen sehen »in den Transsexuellen die endgültigen Helden der Emanzipation. Mit ihnen schwindet die natürliche Gegebenheit des Geschlechts. Jeder sucht es sich aus.«[6] Eine Ära der Freiheit und einer fast unbegrenzten Verfügbarkeit über das Leben soll eingeläutet werden. Die Transsexuellen erscheinen so als Vorhut eines tiefgreifenden gesellschaftlichen Wandels, einer anthropologischen Neuorientierung. »Auch wenn eine solche Gesellschaftsform ein utopisches Ziel ist, können Trans*menschen doch ein wichtiger Weg-

---

6 Finkielkraut 2021, S. 27.

bereiter dorthin, ja geradezu eine Avantgarde für eine freiere Lebensgestaltung sein«, so lautet der letzte Satz in Udo Rauchfleischs Schrift »Transsexualität – Transidentität«.[7] Das individuelle Erleben wird ausschlaggebend und als einzige Realität anerkannt. Was nicht mehr passt, kann gelöscht werden. Die Geschlechtsidentität erscheint als kein fragiles Gebilde mehr, das voller Spannungen und Widersprüche ist.

Ein solcher Akt der Selbstschöpfung duldet keinen Dritten, keinen Einspruch von außen, keine Relativierung. Das ist ein Grund dafür, weshalb eine psychiatrisch/psychotherapeutische Begutachtung abgelehnt wird. Im Falle von medizinischen Eingriffen soll sie zwar zunächst in Kraft bleiben, im Selbstbestimmungsgesetz entfällt sie aber, denn dort geht es um eine bloße Namensänderung, die ohne medizinische Interventionen erfolgen soll. Eine Selbstauskunft reicht aus. Sogar 14-jährige Kinder können jetzt einmal jährlich per Sprachakt ihr Geschlecht ändern, mit familiengerichtlicher Unterstützung, sollten die Eltern sich nicht einverstanden erklären.

Eine medizinische Begutachtung beruht stets auf einer Außensicht. Sie beschäftigt sich mit der psychischen Situation des Antragstellers und will verstehen, wie ein Transitionswunsch zustande ge-

---

7 Rauchfleisch 2016, S. 205.

kommen ist – vor dem Hintergrund der aktuellen Lebenssituation und der Lebensgeschichte. Vor allem soll dabei geklärt werden, ob der Wunsch aufgrund einer intensiven Auseinandersetzung mit sich selbst und nach reiflichen Überlegungen erfolgt. Das stößt auf heftigen Widerspruch: Jede Nachfrage gilt den Verfechtern der Selbstbestimmung als ein entwürdigender Angriff, Intimschranken würden niedergerissen und Persönlichkeitsrechte verletzt, wenn die Lebensgeschichte aufgerufen und seelischen Problemen nachgegangen wird. All das stelle einen feindseligen Akt dar, der die Autonomie des Individuums untergrabe und darüber hinaus eine unterdrückte Minderheit diskriminiere. Allerdings hat das Bundesverfassungsgericht[8] in einer solchen Begutachtung keinen Verfassungsverstoß erkennen können, ganz unabhängig davon, ob ein Krankheitswert unterstellt wird. Übrigens liegt auch jeder Langzeitpsychotherapie ein ausführliches Gutachten zugrunde, das sich mit Hochpersönlichem beschäftigt, ohne dass dagegen Klage geführt wird.

Die Empörung mindert dieser Umstand jedoch nicht: Sobald die Geschlechtsidentität als unverrückbares Leitprinzip in Frage gestellt wird, schlagen die emotionalen Wellen hoch. Widerspruch bietet einen sofortigen Anlass für den Vorwurf der Transphobie und Queerfeindlichkeit. Gefordert wird die

---

8 Bundesverfassungsgericht 2017.

bedingungslose Unterordnung unter die »Pride«-Doktrin. So werden lesbische Frauen, die Interesse an anderen Frauen, nicht aber an Transfrauen haben, scharf verurteilt. Sie begegneten Transfrauen ablehnend und missachtend, verweigerten ihnen die Anerkennung.

Dabei drängt sich die Frage auf, mit welchem Recht dermaßen heftig in das Empfinden anderer Menschen und in einen Lebensbereich eingedrungen wird, der intimer kaum sein könnte: die Wahl von Sexualpartnern und Liebesobjekten. Niemand muss sich dafür entschuldigen, dass er bestimmte Präferenzen hat und sich in seiner Privatsphäre so verhält, wie es ihm genehm ist. Und nicht gemäß den Forderungen anderer, auch wenn sie noch so lautstark auftreten.

Diese Anspruchshaltung verrät, wie sehr die Distanz zum eigenen Anliegen geschwunden ist. Zählen soll nur noch das, was der eigenen Überzeugung entspricht. Das betrifft den gesellschaftlichen Diskurs ebenso wie die persönliche Beziehungsgestaltung. Eine kritische Reflexion und sachliche Auseinandersetzungen sind deshalb kaum noch möglich. Entbrannt ist ein weltanschaulicher Kampf, der weit über die Transsexualität hinausweist. Die Abhängigkeit von der Lebensgeschichte und biologischen Fakten soll weitestgehend überwunden werden. Was es bedeutet, ein Mann oder eine Frau zu sein, soll komplett neu definiert werden. Gestützt auf die irrige Annahme, der Mensch könne sich aus sich selbst heraus erschaffen und seine Lebensgeschichte hinter sich lassen.

Vielen Transsexuellen sind solche Vorstellungen allerdings fremd. Sie möchten in Ruhe leben, dem anderen Geschlecht angenähert, ohne in ideologische Grabenkämpfe verwickelt zu werden. Diese Gruppe ist in sich sehr heterogen, mit stark variierenden Interessen und Weltanschauungen. Niemand darf deshalb beanspruchen, für alle zu sprechen.

In einer besonders schwierigen Situation befinden sich diejenigen, die eine Transition bereuen und sie rückgängig machen wollen. Diesen Wunsch einzugestehen, ihn umzusetzen und öffentlich zu vertreten, ist keine leichte Aufgabe. Sie erfordert einigen Mut. In der Queer-Community haben die Detransitioner einen schweren Stand: Sie gelten zumeist als Abtrünnige, die transfeindlichen Kräften in die Hände spielen, weil sie die Transitionsidee verraten. Über sie wird gern geschwiegen und behauptet, bei den Betreffenden handele es sich nur um eine winzige Gruppe, die vernachlässigt werden könne. Seitens der Queer-Community wird von ihnen erwartet, dass sie sich still verhalten, damit der Öffentlichkeit kein »falsches« Bild über die Transsexualität und Transidentität vermittelt wird. Fast im Sinne eines Offenbarungsverbots unter umgekehrten Vorzeichen.

Dennoch melden sich Detransitioner zunehmend zu Wort. Sie wollen über das berichten, was sie erlebt und erlitten haben, mitteilen, worin ihre persönlichen Irrtümer bestanden und wie sie getäuscht worden sind. Sie möchten, dass öffentlich wahrgenommen wird, wie schwerwiegend die Folgen einer Transition sein können, vor allem, wenn sie medizinisch bis zum Ende durchgeführt wurde. Weitreichende körperliche Eingriffe lassen sich nicht mehr rückgängig machen, die Schäden bleiben ein Leben lang.

Wie viele Detransitioner es gibt, ist nicht ausreichend erforscht, zumal mit hohen Dunkelziffern gerechnet werden muss. Die von LGBTQ*-Aktivisten verbreitete Behauptung, es handele sich nur um eine verschwindend kleine Anzahl, noch unter einem Prozent, wird durch neuere empirische Studien nicht bestätigt. Sie weisen deutlich höhere Quoten aus. Die Zahl der Detransitioner steigt mit insgesamt zunehmenden Transitionen. Ihr relativer Anteil fällt um so höher aus, je stärker sich eine transaffirmative Praxis durchgesetzt hat.

In dem von Alice Schwarzer und Chantal Louis[9] herausgegebenen Buch »Transsexualität« berichten drei junge Frauen, Nele, Elie und Sam, dass sie als Mädchen geboren wurden, später eine Transition vornahmen und diesen Schritt dann wieder rückgängig machten. Sie beschreiben die große psychische Notlage, in der sie sich zunächst befanden.

9 Schwarzer/Louis 2022.

Ein Geschlechtswechsel war ihnen einst als einzig mögliche Option erschienen, auch aufgrund der transaffirmativen medialen Beeinflussung. In der Klinik wurden ihre Transitionswünsche sofort bestätigt und unversehens medizinische Maßnahmen eingeleitet. Es habe kaum therapeutische Gespräche gegeben und keine wirkliche Aufklärung über die medizinischen Folgen und Risiken. Alles sei sehr schnell gegangen, im Rückblick viel zu schnell, ohne die Möglichkeit, ihren Wunsch ernsthaft zu hinterfragen. Durchaus bestehenden Ambivalenzen wurde nicht nachgegangen. Die organische Transition brachte nicht den gewünschten Erfolg, das Unwohlsein an sich selbst löste sich auch durch Mastektomien und Hysterektomien nicht auf, allenfalls trat eine kurzfristige Erleichterung ein. Im Laufe der Zeit wurde ihnen klar, dass sie einen gänzlich falschen Weg beschritten hatten, der sie körperlich schwer geschädigt hat. Inzwischen leben alle drei als lesbische Frauen. Wäre es ihnen früher möglich gewesen, sich auf diese Weise selbst zu finden, hätten sie sich viel Leid erspart.

Ihre Lebensgeschichte haben sie offenbart, um ein Zeichen gegen übereilte Transitionen und eine transaffirmative Haltung zu setzen, die sie als verantwortungslos erlebt haben. Sie kämpfen darum, dass die Stimmen der Detransitioner gehört werden.

Leihmutterschaft

»Was ist die besondere Sehnsucht, die adoptierte Kinder nicht erfüllen können?«

Hans Ulrich Gumbrecht[1]

»Kostenerhöhung der Leihmutterschaftsprogramme in der Ukraine ab dem 1. Januar 2022 auf 45.700 Euro. Bis zum 31. Dezember können unsere Kunden den Vertrag zum alten Preis unterzeichnen (40.700 EUR Gesamtpreis mit nur 2.870 EUR Anzahlung bis zur Schwangerschaftsbestätigung). Wir freuen uns, Sie als unsere Kunden begrüßen zu dürfen!«

So heißt es auf der Internetseite der Firma Canadian Medical Care, die vor Jahresende 2021 noch auf Geschäftsabschlüsse wartet. Weiterhin lesen wir: »Die Hauptidee unseres Projektes besteht nicht nur in der Organisation und weiterer Verwirklichung reproduktiver Programme, sondern auch in Verteidigung der Rechte und Interessen aller Beteiligten. Wir glauben daran, dass unsere Hilfe sowohl den leiblichen Eltern und Leihmüttern, als auch anderen Teilnehmern dieses Prozesses nützlich wird.«[2] Es soll sich also nicht bloß um ein (einträgliches) Geschäft handeln, sondern auch um eines, das un-

1 Gumbrecht 2022, S. 7.

2 Canadian Medical Care 2023.

anstößig ist, in jeglicher Hinsicht. Die Interessen aller Beteiligten würden gewahrt, ethische Probleme scheint es nicht zu geben, zumindest keine, die sich nicht mit leichter Hand bewältigen ließen.

Die Agentur für Leihmutterschaft VittoriaVita ist direkt in der Ukraine angesiedelt, einem Land, das die Leihmutterschaft gesetzlich erlaubt und in deren Vermittlung weltweit führend ist. Auf einer sorgsam gestalteten Website, die Seriosität vermitteln soll, blickt einem ein strahlendes Elternpaar mit einem ebenso strahlenden Kind entgegen. Auch hier wird knallhart gerechnet: Die Kosten seien »durchschnittlich um 30 % niedriger als in anderen europäischen Ländern, 2,5-mal niedriger als in Kanada, dreimal niedriger als in den USA«. Gesetzlich seien »weder Mindest- noch Höchstbeträge der Entschädigung an eine Leihmutter (wie z. B. in Israel)«[3] vorgegeben. Eine hohe Qualität der medizinischen Versorgung wird versprochen, und der Vertrag gilt erst dann als erfüllt, wenn ein gesundes Kind übergeben wird. Bis dahin kann einiges geschehen: Eine Schwangerschaft bleibt aus, das Kind wird verloren, kommt viel zu früh oder behindert auf die Welt. Von all diesen Risiken ist der Auftraggeber befreit. Eine Babygarantie bedeutet, dass so viele Versuche unternommen werden, bis sich das erwünschte Ergebnis einstellt, eventuell auch durch den Austausch der Leihmutter.

---

3 VittoriaVita 2023.

VittoriaVita vermittelt sogenannte gestationelle Leihmutterschaften. Der Leihmutter wird dabei eine fremde befruchtete Eizelle eingepflanzt, so dass keine genetische Verbindung zwischen ihr und dem Kind entsteht. Die Eizelle wird in der Regel anonym gespendet, nur vereinzelt entstammt sie der Auftraggeberin. Die Aufgabe der Leihmutter besteht darin, »das Baby für eine Weile zu ›behausen‹ und nach der Geburt den echten Eltern zu geben«, den Auftraggebern, die in diese Rolle schlüpfen wollen. Der seltener verwendete Begriff der Mietmutter kennzeichnet diesen Sachverhalt noch etwas präziser, die Reproduktionsfähigkeit einer Frau wird gemietet. Dass keine genetische Beteiligung der Leihmutter existiert, ist für VittoriaVita eine Bedingung ihrer Dienstleistung – ebenso wie für andere Anbieter. Das Erleben der Mutterschaft soll von der Leihmutter ferngehalten werden, sie soll sich persönlich möglichst wenig an das Kind binden, damit es zu keinem relevanten Teil ihrer Biographie wird.

Das Expertenteam von VittoriaVita nimmt wie viele andere an der Informations- und Bildungsveranstaltung »kinderwunsch tage« teil, die in Berlin, Köln und München stattfindet. Die Leihmutterschaft wird neben einer Vielzahl anderer Themen im Tagungsprogramm genannt, wohlwissend, dass sie in Deutschland seit 1991 nicht erlaubt ist. Wohl auch deshalb wird auf internationale Experten Wert gelegt. Juristisch besteht hier zumindest eine Grauzone. Im Endeffekt tragen solche Veranstaltungen dazu bei, dass Leihmutterschaften immer stärker nachgefragt werden. »Leihmutterschaften sind zu einem festen Bestandteil der Reproduktionsmedizin und zu einem florierenden Geschäft geworden.«[4] Geschätzter weltweiter Jahresumsatz 2022: 14 Milliarden Dollar.

Entsprechend wird die Werbetrommel gerührt: Zwei amerikanische Kinderwunschzentren veranstalten ein Gewinnspiel, das sich ausschließlich an deutsche Staatsbürger richtet, speziell an homosexuelle Paare. Der Gewinn, 52.000 Dollar, ist als Teil einer »Mutterschaftsreise« zu verwenden und zur Anzahlung für das Baby gedacht. »Gewinnen Sie ein Baby«, so lässt sich dieses Spiel umschreiben.[5]

Eine Leihmutterschaft ist durch ein striktes Vertragswerk definiert. Das Kind wird nach der Geburt unwiderruflich Dritten übergeben. Die Auftraggeber sind entweder heterosexuelle Paare, homosexuelle Paare oder Alleinstehende. Zusätzlich kompliziert werden die Verhältnisse dadurch, dass die Auftraggeber in unterschiedlicher Weise beteiligt sein können, je nachdem, wie ihr biologischer Beitrag ausfällt. Bis zu fünf Personen können dabei in Frage kommen: die Leihmutter, die beiden sozialen Auftraggeber und zwei Personen, die das biologische Material zur Verfügung stellen.

---

4 Kadi/Leithner-Dziubas 2019, S. 15.

5 Ross 2021.

Sofern nicht Dritte herangezogen werden, kann es bei einem männlichen Paar um die Frage gehen, wer der Samenspender ist, bei einem weiblichen um die Auswahl der Eizelle. In einigen Ländern lässt sich das Geschlecht des Kindes vorab bestimmen. Eizellen können nach diversen Kriterien ausgewählt werden: Aussehen, Intelligenz, Bildungsgrad der Spenderin. Das »Baby à la carte« ist dann nicht mehr fern.

Je nach Gesetzeslage bieten sich für eine Leihmutterschaft unterschiedliche Länder an. Die Ukraine, das Zentrum des europäischen Babyhandels, für heterosexuelle Paare. Samenspenden werden dort nicht anerkannt. In einigen Bundesländern der USA können auch homosexuelle Paare und Alleinstehende einen Auftrag erteilen. Die Kosten sind sehr hoch, sie können bis zu 240.000 Dollar betragen. Auch andere Länder kommen in Frage, Georgien zum Beispiel. In vielen europäischen Ländern ist eine Leihmutterschaft grundsätzlich verboten, andere lassen sie nur zu, sofern keine kommerziellen Interessen bestehen. Die internationale Entwicklung geht in Richtung einer stärkeren Akzeptanz und juristischen Anerkennung der Leihmutterschaft, zumindest in ihrer nicht kommerziellen Form.

Exakte Angaben zur Verbreitung der Leihmutterschaft gibt es nicht, weder national noch international werden entsprechende Statistiken geführt. Schätzungen gehen von 1.000 Kindern aus, die allein Biotexcom jährlich aus der Ukraine vermittelt, davon 150 nach Deutschland. In Indien sollen zwischen 1999 und 2013 bis zu 25.000 Kinder in Leihmutterschaftsprogrammen ausgetragen worden sein, in den Vereinigten Staaten in den letzten Jahren knapp über 30.000, in Russland mehr als 45.000.

In Deutschland ist eine Leihmutterschaft nicht erlaubt. Das Embryonenschutzgesetz soll zusammen mit weiteren Gesetzeswerken verhindern, dass es zu einer »gespaltenen Mutterschaft« kommt, bei der die genetische und die austragende Mutter nicht identisch sind. Eine künstliche Befruchtung einer Leihmutter mit einer fremden Eizelle ist deshalb grundsätzlich verboten. Auch dürfen sich Frauen nicht für eine Ersatzmutterschaft, mitunter traditionelle Leihmutterschaft genannt, zur Verfügung stellen. Die Begründung dafür findet sich in den Regelungen zum Kindeswohl. Das Kind soll vor einem ungewöhnlichen Spannungsfeld geschützt werden, das sich aus seiner genetischen Ausstattung, der besonderen Entstehungsgeschichte und den weiteren Lebenserfahrungen zusammensetzt. Die Identitätsbildung könne durch eine Leihmutterschaft erschwert werden, erhebliche seelische Belastungen seien nicht auszuschließen. Insofern liegt eine klare, wenngleich in einigen Aspekten durchaus diskutierte Rechtslage vor, die auf eine eindeutige Mutterschaft abzielt und das Kindeswohl im Auge behält.

Besonders die FDP setzt sich für eine Veränderung der entsprechenden Gesetzgebung ein. Ginge es nach ihrem Willen, dürfte eine nicht kommerzielle Leihmutterschaft legalisiert werden. Die Begründung: Ein unerfüllter Kinderwunsch stelle eine schwer erträgliche Lebenseinschränkung dar, die durch eine altruistische Leihmutterschaft überwunden werden könne. Diese sei, sofern sie selbstbestimmt erfolgt, ein »Akt der Nächstenliebe«, wie es wörtlich heißt und nachdrücklich betont wird. Ein solcher Akt der Nächstenliebe dürfe niemandem verwehrt werden. »Der Staat [habe] kein Recht, dieses Glück zu verhindern.«[6] Für die Kinder gebe es keine Nachteile, das hätten sämtliche Studien zur Leihmutterschaft belegt. Das stimmt zwar nicht, wird aber mit großer Emphase behauptet: Eine Leihmutterschaft, so heißt es, diene allen Seiten gleichermaßen. Die Abgrenzung gegenüber der kommerziellen Leihmutterschaft gilt als unproblematisch, obgleich entstehende Kosten und Einkommensnachteile ausgeglichen werden sollen.

Leihmutterschaften, wie sie heute praktiziert werden, beruhen auf zwei Grundvoraussetzungen. Zunächst müssen die medizinischen Mittel zur Verfügung stehen, damit extrakorporale Befruchtungen erfolgen können und sich Eizellen verpflanzen lassen. Reproduktionsmedizinisch ist das seit

6 FDP 2021.

1978 möglich. Weiterhin ändern sich gesellschaftliche Leitbilder und Lebenspraxen. Die klassische Familie ist zwar immer noch die weitaus häufigste Lebensform, sei es mit oder ohne Trauschein, aber auch andere Formen des Zusammenlebens haben weithin Anerkennung gefunden. Vor allem sind gleichgeschlechtliche Eheschließungen möglich geworden. Stichwort: »Ehe für alle«. All das schlägt sich im Familien- und Sorgerecht nieder. Damit geht einher, dass die biologische Verbundenheit an Gewicht verliert.

Alleinerziehende und sogenannte Patchwork-Familien hat es schon immer gegeben, man denke nur an die Nachkriegszeit. Die Scheidungsraten waren in früheren Zeiten nicht durchgängig niedrig. Im Berlin der 1930er Jahre wurden mehr Ehen geschieden als zur Jahrtausendwende. Ein Blick auf die vermeintliche Idylle der eher konservativ geprägten Schweiz zeigt, dass die Zahl der alleinerziehenden Mütter dort 1920 höher lag als gegen Ende des vergangenen Jahrhunderts. So stabil, wie oft behauptet wird, waren die Verhältnisse damals also nicht. In der Folge haben sich vermehrt Familien herausgebildet, die nur noch teilweise auf einer genetischen Abstammung beruhen. Wesentlich verändert haben sich allerdings die Bewertungsmaßstäbe. Im Gegensatz zu früheren Zeiten wird eine Vielfalt von Lebensformen heute positiv konnotiert und gilt als Ausdruck individualisierter Lebensentwürfe, die Anerkennung verdienen. Das ist zweifelsohne eine wichtige historische Errungenschaft. Doch die Entwicklung geht inzwischen darüber hinaus, indem die klassische Familie, die enge Verbindung von Mutter, Vater und Kind, als gesellschaftliche Leitfigur in Frage gestellt wird. Während andere Arten des Zusammenlebens als erfrischend unkonventionell gewertet werden, haftet ihr zunehmend der Ruch des Überkommenen an, einer gründlich verstaubten Institution, die voller Zwänge und selbstverschuldeter Belastungen sei.

Die Reproduktionsmedizin ebnet den Weg für diese Entwicklung, indem sie Türen öffnet, die zuvor verschlossen waren. Dabei geht es hier nicht um Maßnahmen wie die homologe Insemination, die erfolgt, ohne dass in die biologische Ausstattung der Mutter und des Vaters eingegriffen wird. Die sozialen Eltern bleiben in diesem Fall auch die biologischen, nur, dass die Fortpflanzung ohne Sexualität stattfindet. Bei weitergehenden Interventionen jedoch wird auf eine biologische Beteiligung (anonymer) Dritter zurückgegriffen, so dass es zu einer bewusst geplanten Entkoppelung von biologischer Verwandtschaft und Familienbildung kommt. Die Leihmutterschaft markiert vorerst den Endpunkt dieser Entwicklung.

Einer Täuschung sollte jedoch niemand erliegen: Das binäre Prinzip bleibt auch im Falle einer Leihmutterschaft unangetastet, wie immer die Reproduktionsschritte im Einzelnen aussehen mögen.

Beteiligt sind jeweils zwei unterschiedliche Formen von Keimzellen, männliche und weibliche.

Eine Schwangerschaft gewinnt für Frauen bereits insofern eine besondere Bedeutung, als es zu einem tiefen körperlichen Einschnitt kommt. Das unterscheidet sie fundamental von anderen lebensgeschichtlich relevanten Ereignissen. Die biologischen Transformationen sind extrem, Organe und körperliche Funktionen müssen sich neu justieren. Damit korrespondieren Veränderungen in den Hirnarealen, ihrem Volumen und in ihrer Aktivität, etwa im präfrontalen und temporalen Cortex. Psychische Veränderungen sind die Folge, zum Beispiel hinsichtlich des Empathievermögens, der sozialen Haltung, im Bewusstsein seiner selbst.

Eine Schwangerschaft führt mithin zu einer Umgestaltung der inneren Welt. Sie stellt einen psychischen Wendepunkt dar, hinter den nicht mehr zurückgegangen werden kann. Unabhängig davon, ob das Kind tatsächlich zur Welt kommt, verloren geht oder ein Abbruch erfolgt. Die intensive Beschäftigung mit sich selbst und dem werdenden Leben ist unumgänglich. Zumal sich Kind und Mutter nicht mehr voneinander trennen lassen. Sie erstreckt sich gleichermaßen auf die Gegenwart wie die Zukunft. Einschneidende Lebensereignisse und innere Konflikte können wieder aufflammen, frühe Phantasien, Ängste, Sehnsüchte und Wünsche aktiviert werden und, je nachdem wie sie bewältigt wurden, Zuversicht oder Zweifel herbeiführen. Im psychischen Haushalt kann ein Kind unterschiedliche Positionen einnehmen, allein schon aufgrund der Wünsche, die es erfüllen soll, und der Gefahren, die es repräsentiert. Wie immer auch die Vorstellungen aussehen, sie werden sich in der einen oder anderen Form einstellen.

Die Gedanken sind bei den Schwangeren auf die Zukunft gerichtet: Wie wird das Kind sich entwickeln, wie gestaltet sich die Beziehung zu ihm nach der Geburt. Kaum etwas im Leben ist so sehr auf Dauer ausgelegt wie die Bindung an das eigene Kind. Das bestätigt die Bindungstheorie, nicht nur für die frühe Entwicklung, sondern als ein lebenslang wirkendes Phänomen. Von Anfang an ist sie in einen triangulären Raum eingebettet, in die Beziehung Vater-Mutter-Kind, mit gemeinsam geteilten oder getrennten Vorstellungen über das weitere Leben. Diese psychische Grundkonstellation ist anthropologisch vorgegeben, ihr kann niemand entgehen. Ob das Kind gemeinsam aufgezogen wird oder nicht, spielt dabei keine Rolle.

Die kommerzielle »Leihmutterschaft bedeutet, dass ein Mensch ein Objekt eines Kaufvertrags wird. Diese Verdinglichung des Menschen ist ein Schlag gegen die Sozialstruktur einer Gesellschaft von Freien und Gleichen.«[7] Genau genommen sind es zwei Beteiligte, die Mutter und das Kind, die unter rein ökonomischen Gesichtspunkten defi-

---

7 Grichting 2022, S. 16.

niert werden, sowohl gegenüber dem Auftraggeber als auch in ihrer Beziehung zueinander. Die strengen vertraglichen Regelungen setzen eine zeitliche Grenze, die zu einer abrupten Trennung führt. Das Kind, das vorher zumindest ein Teil der Leihmutter war, gehört ihr dann im wahrsten Sinne des Wortes nicht mehr.

Was allein zählt, ist die Reproduktionsleistung, die erbracht wird. Sie darf nicht misslingen, das Kind muss unversehrt und makellos zur Welt kommen, ansonsten wird es womöglich nicht abgenommen oder es bleibt, je nach Vertrag, der vereinbarte Lohn aus. Kadi und Leithner-Dziubas beschreiben die Situation indischer Leihmütter so: »Sie sollen sich als disziplinierte Gebärarbeiterinnen auffassen: Das Ziel der Arbeit besteht einzig und allein in der physischen Optimierung des auszutragenden Kindes.«[8] Deshalb wird sehr darauf geachtet, dass die Frauen gesund bleiben, alles andere, eine etwaige Behinderung, würde das Geschäftsmodell gefährden. In diesem Fall kann der Auftraggeber in den USA sowie in anderen Ländern auf einer Abtreibung bestehen. Das gilt auch bei einer Zwillingsschwangerschaft, wenn nur ein Kind erwünscht ist.

Oft werden die gesundheitlichen Gefahren übersehen, die sich für Leihmütter ergeben. Sie gehen weit über das normale Schwangerschaftsrisiko hinaus: Mehrlingsschwangerschaften, hypertensive

8 Kadi/Leithner-Dziubas 2019, S. 18.

Schwangerschaftserkrankungen, teils mit Langzeitfolgen, Schwangerschaftsdiabetes, Präeklampsie kommen gehäuft vor. Auch der Eispenderin drohen körperliche Schäden wie eine Hormonüberstimulation, Gewebeverletzungen bei der Entnahme oder dass Eizellen nicht nachgebildet werden.

Wie es Leihmüttern psychisch und sozial ergehen kann, belegt eine israelische Studie.[9] Körperliche Veränderungen sollen eine möglichst geringe innere Bedeutung erlangen, was sich bereits daran zeigt, dass die befragten Leihmütter berichten, sie würden Berührungen des eigenen Bauches vermeiden. Teile des eigenen Körpers werden zum Fremdkörper, eine Identifikation mit dem entstehenden Kind darf sich nicht einstellen. Was biologisch geschieht, soll psychisch ferngehalten und die leibliche Verbindung zwischen Natur und Kultur zerschnitten werden. Das erfordert ein zähes Ringen mit sich selbst. Niemand kann sich psychologischen und körperlichen Gesetzmäßigkeiten entziehen, auch wenn er sich das noch so sehr wünscht oder es von ihm erwartet wird. Körper und Psyche verdichten sich in einer Leiblichkeit, die keiner freien Verfügbarkeit unterliegt und sich machtvoll bemerkbar macht. Um diesem Konflikt zu entgehen, ihn wenigstens halbwegs erträglich zu gestalten, um das eigene Selbst zu wahren, sind erhebliche Abwehrleistungen erforderlich. Konkret gesagt, erfolgt

9 Teman 2010.

eine Körperfragmentierung und Depersonalisierung, die zum Schutz vor Affekten und Phantasien dient. Denn schließlich wird ein Mensch auf einen Arbeitskörper reduziert, als eine gemietete Gebärmaschine, die einen psychisch kaum lösbaren Auftrag übernommen hat. »Keine der Leihmütter berichtet von einer emotionalen Bindung zum Fötus während der Schwangerschaft und zum Kind nach der Geburt.«[10] Das ist erschreckend.

Weitere Erschwernisse können hinzukommen. Etwa dann, wenn ein Kind aufgrund äußerer Umstände nicht abgeholt werden kann. Oder das aufnehmende Land der neuen Elternschaft wider Erwarten nicht zustimmt. Für die Abnehmer beinhaltet das Geschäft weitere Risiken, denn der Seriosität der Anbieter kann nicht unbedingt getraut werden. Die marktführende ukrainische Vermittlungsfirma BioTexCom steht unter dem Verdacht, dass sie auch Kinder verkauft, die gar nicht aufgrund einer Leihmutterschaft entstanden sind. Samenspenden sollen für fremde Zwecke genutzt worden sein; dass Kinder in der Klinik vertauscht werden, kommt immer wieder vor. Und was ist, wenn die Leihmutter das Kind plötzlich nicht mehr hergeben will und dadurch vertragsbrüchig wird? Sollen dann langwierige juristische Kämpfe geführt werden?

---

10 Krüger-Kirn 2019, S. 59.

Auch dem Kind wird eine lebenslange Last mitgegeben. Seine Herkunft bleibt bei einer anonymen Eizellenspende im Dunkeln, und das Verhältnis zur Leihmutter ist ein sehr spezielles. Um die eigene Herkunft zu wissen, ist jedoch ein elementares psychisches Bedürfnis. Biographische Leerstellen sind schwer zu ertragen. In der Nachkriegszeit und noch bis in die 1960er Jahre hinein waren Kinder auf Litfaßsäulen abgebildet, die ihre Eltern verloren hatten. Sie suchten nicht nur ein Zuhause, sondern wollten auch wissen, woher sie stammen, wer sie sind. Wer ist meine Mutter, wer ist mein Vater, wo liegen meine Wurzeln? Dieser Wunsch nach Zugehörigkeit und Bindung begleitet Menschen ein Leben lang.

Damit sich eine solche Leerstelle nicht auftut, hat ein Kind hierzulande ein juristisch verbrieftes Recht, zu erfahren, wer der Samenspender ist. Häufig wird berichtet, dass es als Entlastung empfunden wird, die Person kennenzulernen, der man sein Leben verdankt, auch wenn sie später für die eigene Biographie keine Rolle gespielt hat. Das ermöglicht zumindest eine gewisse Orientierung. Aber auch Gegenteiliges wird beschrieben: Ein Erschrecken darüber, von wem man abstammt, eine Sprachlosigkeit im Wissen darum, dass dieses Befremden nicht abzustellen ist. Bei der Leihmutterschaft kommt noch ein weiterer Aspekt hinzu: Hier existiert eine gemeinsame Geschichte, über neun Monate, die nicht dem Wunsch der Mutter nach einem eigenen

Kind entspricht, sondern von äußeren Interessen geleitet ist. Auch das muss das Kind verkraften. Ebenso wie das abrupte Beziehungsende, ein lebensgeschichtlich hochrelevantes Ereignis. Anzieu-Premmereuer[11] hat in einer eindrucksvollen Fallstudie dargestellt, wie es einem Jugendlichen erging, der mit Hilfe einer Leihmutterschaft auf die Welt kam. Als er davon erfuhr, geriet er in einen Zustand großer Verzweiflung, in eine tiefe Identitätskrise. Erst nach jahrelangem zähem Ringen gelang es ihm, sich mit seiner Herkunft einigermaßen auszusöhnen.

Im Falle einer Leihmutterschaft treffen Interessen aufeinander, die unterschiedlicher kaum sein könnten. Auf der einen Seite findet sich der Wunsch, ein eigenes Kind zu haben und es großzuziehen. Ein Begehren, das überaus nachvollziehbar und im Menschen tief verankert ist. Mit Hilfe einer Leihmutterschaft lässt es sich begrenzt realisieren. Die neuen Eltern können sich gewiss sein, dass das Kind nach der Zeugung, wenngleich in großer Ferne, nur für sie heranwächst. Es ist nicht schon einfach da wie ein zu adoptierendes Kind. Das spielt eine wichtige Rolle, denn ansonsten wäre auch eine Adoption denkbar. Der Umstand, dass Adoptivkinder nur begrenzt zur Verfügung stehen, dürfte wohl kaum der

---

11 Anzieu-Premmereuer 2020.

entscheidende Grund dafür sein, eine Leihmutterschaft anzustreben.

Auf der anderen Seite steht, dass die kommerzielle Leihmutterschaft Frauen in eine unzumutbare Situation bringt, die sich nicht dadurch auflöst, dass auf die individuelle Entscheidungsfreiheit verwiesen wird. Das deutsche Recht untersagt Leihmutterschaften, wohlbegründet durch ethische Einwände und medizinische Fakten. Egal, wie man es drehen und wenden mag: »Männer kaufen die Körperdienste einer Frau für ihr eigenes Kind; in dieser Offenkundigkeit liegt auch neuer Legitimationsbedarf.«[12] Unter Abwägung verschiedener Rechtsgüter kann er verantwortlich nicht erbracht werden, auch unter Anerkennung eines verständlichen Kinderwunsches. Wobei es sich allerdings, wie hinzugefügt werden darf, bei den Auftraggebern nicht nur um Männer handelt.

In großen Teilen der psychologischen und sozialpädagogischen Fachliteratur, die sich mit neuen Familienformen beschäftigt, steht die Leihmutterschaft weitgehend unkommentiert neben anderen Reproduktionsformen. Sie nimmt keine Sonderstellung ein. Vor allem findet die dramatische Situation, in der sich kommerzielle Leihmütter befinden, kaum Beachtung. Ihr Schicksal wird häufig

12 Kuster/Liebsch 2019, S. 9.

übergangen. Bedenken, so es sie denn gibt, tauchen nur selten auf.

Auch in psychoanalytischen Schriften kommt die Leihmutterschaft nur vereinzelt vor. Und wenn doch, dann geht es am wenigsten um die Leihmütter selbst. Im Mittelpunkt der Betrachtungen stehen in der Regel die Eltern und ihr Kind, ihre Wünsche, Phantasien, aber auch die Konflikte, die sich bei der Bewältigung des speziellen Reproduktionsprozesses einstellen. Dabei ist allzu offensichtlich, welches erhebliche Konfliktpotenzial sich für die Leihmütter auftut und wie brisant die damit verbundenen ethischen Fragen sind. Die Psychoanalyse sollte sich dem stellen, sowohl mit Blick auf hilfesuchende Patienten als auch auf den Gesamtkomplex.

In einem Interview mit Manuela Fraire und Élisabeth Roudinesco wurde die Frage aufgeworfen, welche Zukunft die Leihmutterschaft haben könnte. Fraire ist eine italienische Psychoanalytikerin, Roudinesco eine französische Historikerin, die sich um die psychoanalytische Geschichtsschreibung verdient gemacht hat. Beide ordnen die Leihmutterschaft in eine breite Emanzipationsbewegung ein, zu der die Entpathologisierung der Homosexualität gehört. Durch die Möglichkeit einer Eheschließung (»Ehe für alle«) werde der Kinderwunsch homosexueller Paare legitimiert. Die Vielfalt heutiger Lebensformen führe dazu, dass Mutterschaft und Abstammung neu überdacht werden müssten. Die Zustände, unter denen Leihmütter in armen Ländern leiden, werden zwar entschieden verurteilt, das Phänomen selbst jedoch nicht in Frage gestellt. Ein Verbot der Leihmutterschaft sei historisch überholt und ebenso kontraproduktiv wie andere dem vorausgehende Verbote. Zur altruistischen Leihmutterschaft wird ausgeführt, dass der Wunsch nach einer Schwangerschaft nicht mit dem Wunsch nach einer Mutterschaft einhergehen muss. Die Karten würden unter dem Aspekt der Selbstbestimmung neu gemischt. Entscheidend sei die Rechtslage, die Psychoanalyse habe ihr zu folgen. »Als Psychoanalytikerin bin ich der Meinung, dass wir aufhören sollten, das Unbewusste derjenigen zu analysieren, die dieses Verfahren wählen und diese Erfahrung machen wollen, falls sie nicht selbst eine Analyse wünschen.«[13] Niemand dürfe gegen seinen Willen ausgeforscht werden. Mit anderen Worten: Die Psychoanalyse solle sich auf die Klinik beschränken, das unterstützen, was gemeinhin für emanzipatorisch gehalten wird. Solche Stellungnahmen finden sich vielerorts: sich nicht einmischen, niemanden kränken und sich fest auf die Seite des vermeintlichen Fortschritts stellen.

13 Fraire in Fraire/Roudinesco 2019, S. 152.

Wissenschaftsfreiheit

»Keine französische Universität würde es heute noch riskieren, mich zu einer Konferenz einzuladen«

Alain Finkielkraut[1]

DIE Wissenschaftsfreiheit ist nicht nur in totalitär regierten Ländern bedroht, sondern auch in demokratischen. Die massivsten Einschränkungen finden sich in China, im Iran, in Nordkorea und in einigen arabischen Ländern, aber auch hierzulande werden elementare wissenschaftliche Grundsätze in Frage gestellt – nicht nur, aber vor allem im Rahmen identitätspolitischer Kulturkämpfe. Der Deutsche Hochschulverband beklagt diese Entwicklung seit Jahren, er fordert deshalb, die Freiheit in Forschung und Lehre wiederherzustellen.

Dieses Ziel verfolgt auch das Netzwerk Wissenschaftsfreiheit, das 2020 gegründet wurde und nunmehr 750 Mitglieder vereint, die ein breites weltanschauliches und politisches Spektrum repräsentieren. Fernab jeder Dramatisierung ist für das Netzwerk klar belegt, dass verfassungsmäßig verbriefte Rechte gegenwärtig unter moralischen und politischen Vorbehalt gestellt werden. An den Universitäten hat sich vor allem in den sozial- und geis-

1 Finkielkraut 2023, S. 12.

teswissenschaftlichen Fächern ein bedrückendes Klima entwickelt. Es führt dazu, dass bestimmte Forschungsthemen nicht mehr, nur noch in Teilaspekten oder unter einem eingeschränkten Blickwinkel behandelt werden. Bedroht ist all das, was der vermeintlichen Politischen Korrektheit widerspricht, die das subjektive Empfinden zur Leitlinie ihres Handelns erhoben hat. Was Einzelne verletzen könnte, soll nicht mehr gelehrt, was als rassistisch, islamo-, trans- und homophob gilt, nicht mehr beforscht werden. Forschung und Lehre werden dadurch weltanschaulich normiert und politisch instrumentalisiert. »Wer nicht mitspielt, muss damit rechnen, diskreditiert zu werden. Auf diese Weise wird ein Konformitätsdruck erzeugt, der immer häufiger dazu führt, wissenschaftliche Debatten im Keim zu ersticken.«[2] Das Netzwerk Wissenschaftsfreiheit dokumentiert deshalb Angriffe auf die Wissenschaftsfreiheit und setzt sich bei Rechtsverletzungen für die Betroffenen ein, oftmals durchaus erfolgreich.

Wer missliebige Gastredner empfängt, begibt sich auf ein gefährliches Terrain, wie es Dieter Schönecker erging, der für eine Ringvorlesung an der Universität Siegen neben vielen anderen auch Thilo Sarrazin und den AfD-Politiker Marc Jongen, einen promovierten Philosophen, einlud. Eigentlich ein Musterbeispiel für die gern eingeklagte Viel-

---

2 Netzwerk Wissenschaftsfreiheit 2021.

falt, das jedoch schlecht ankam. Der Präsident und das Dekanat distanzierten sich von Schönecker mit der Begründung, er stelle sich auf die falsche Seite, lasse sich mit Personen ein, die an der Universität nichts zu suchen hätten. Die ursprünglich bereitgestellten Honorarmittel wurden gesperrt. Jongen und Sarrazin durften nach langen Auseinandersetzungen dann doch noch vortragen, allerdings unter Polizeischutz.

Zugleich wird es immer schwieriger, Texte zu publizieren, die unter moralischen Verdacht gestellt werden können und »woken« Erwartungen widersprechen. So ist es, von wenigen Ausnahmen abgesehen, in sozialwissenschaftlichen Zeitschriften des In- und Auslands kaum noch möglich, sich sachlich-kritisch zur Transsexualität zu äußern. Auch Beiträge, die besonders behutsam um thematische Klärung bemüht sind, werden schnell als feindseliger Akt klassifiziert, der Transsexuelle diskriminiere. Dabei kommt es vor, dass wissenschaftliche Artikel Aktivisten der Transgenderbewegung zur Begutachtung vorgelegt werden. Auch der Umstand, dass Periodika eine gendergerechte Sprache einfordern, verweist darauf, wie weit die Einschränkungen inzwischen gehen. Das ist keine Petitesse: Mit den sprachlichen Vorgaben wird ein weltanschauliches Bekenntnis eingefordert, das im Gegensatz zu den geltenden Regeln der deutschen Sprache steht. Wer damit nicht einverstanden ist, muss sich entweder unterwerfen oder auf eine Veröffentlichung verzichten. Oder sich auf langwierige Debatten einstellen, die nur selten zum Ziel führen.

Forschungsanträge haben ein ungewisses Schicksal, wenn sie Fragen, Ansätze und Methoden enthalten, die in ein moralisch schlechtes Licht gestellt werden können. Ihre Erfolgsaussichten sind dann nicht mehr sonderlich groß. Anträge dieser Art sind ausgesprochen arbeitsaufwendig. Es erfordert Mut, sich diesem Risiko zu stellen, und große Zuversicht, sich unter widrigen Umständen doch noch behaupten zu können.

Ebenso abträglich für den Wissenschaftsbetrieb ist es, wenn aus Gründen der Konfliktvermeidung bereits im Vorfeld eine innere Zensur einsetzt. Wissenschaftlich und gesellschaftlich relevante Themen, die als heikel gelten, werden in Lehrveranstaltungen gemieden, in Publikationen nicht berücksichtigt, aus Forschungsprojekten ausgeklammert, allenfalls noch hinter vorgehaltener Hand besprochen. Immer häufiger werden Beschränkungen der Lehr- und Forschungsfreiheit resignierend hingenommen. »Solche präventiven Einschränkungen erfolgen vor allem dann, wenn die Betroffenen die Erfahrung gemacht haben, dass denjenigen, die ins Visier des ideologischen Aktivismus geraten, wegen des Risikos, selbst zur Zielscheibe zu werden, niemand beispringt.«[3]

---

3 Netzwerk Wissenschaftsfreiheit 2021.

Nach einer Allensbach-Umfrage[4] 2021 gaben 40 Prozent der repräsentativ befragten Hochschullehrer an, sie fühlten sich durch Vorgaben der Politischen Korrektheit in der Lehre stark oder zumindest etwas eingeschränkt, 18 Prozent berichteten, sie könnten bestimmten Forschungsfragen nicht mehr nachgehen. In den Geistes- und Sozialwissenschaften sieht sich mehr als die Hälfte in ihrer Lehr- und Forschungsfreiheit eingeschränkt. Das ist eine beträchtliche, eine beunruhigende Zahl, Tendenz steigend. Die Naturwissenschaften sind davon weniger betroffen, viele ihrer Themen bleiben unstrittig. Doch auch dort könnten sich die Zeiten ändern. Auch wenn man es kaum glauben mag: Selbst die Grundregeln der Mathematik werden in den Vereinigten Staaten inzwischen als weißes Herrschaftsinstrument kritisch beäugt.

Öffentlich bekannt geworden sind dramatische Fälle wie der von Kathleen Stock, die jahrelang derart massiven Angriffen ausgesetzt war, dass sie ihre Philosophie-Professur an der Universität Sussex aufgab. Ihr Vergehen: Sie hatte, selbst mit einer Frau verheiratet, an der Binarität der Geschlechter festgehalten. Nur am Rande sei erwähnt, dass das Zentrum für Allgemeine Sprachwissenschaft der Freien Universität Berlin eine zuvor an sie ergangene Einladung widerrief. Andere Referenten

4 Allensbach-IfD vom 18.11.2021.

hatten erklärt, sie würden sich in Stocks Beisein unwohl fühlen.

Nach reiflichen Überlegungen verließ der Philosoph Peter Boghossian die Portland State University. Sie sei, so seine Erfahrung, dermaßen von einer woken Geisteshaltung durchdrungen, dass alle offenen Diskurse im Keim erstickt würden. Boghossian wurde zum Beispiel untersagt, über sogenannte »geschützte Klassen« zu sprechen. Also Personengruppen, die sich durch Merkmale wie Hautfarbe, Geschlecht oder Behinderung definieren und besonders von Diskriminierung betroffen sein können. Diverse anonyme Anzeigen, die sich auch auf sein Privatleben bezogen, belegen, wie verhasst Boghossian wegen seiner liberalen Grundeinstellung war. Sie trugen wesentlich zu seiner Entscheidung bei.

Lisa Littman, eine Medizin-Professorin, fand heraus, dass die »soziale Ansteckung« bei Transitionswünschen eine wichtige Rolle spielt. Teenager können sich gegenseitig ermuntern, geradezu anfeuern und aufheizen, bestärkt durch mediale Beeinflussungen. Die Brown-University (Rhode Island) zog Littmans Studie zurück, sie verletze vulnerable Personen und habe andere Perspektiven nur unzureichend berücksichtigt. Die Dekanin warf ihr in einem offenen Brief Versagen vor.

Klaus Kinzler, ein in Grenoble lehrender Germanist, hatte es gewagt, den Begriff der Islamophobie kritisch zu hinterfragen. Die radikale Studentengewerkschaft Unef beschuldigte ihn daraufhin, er verbreite rassistisches und rechtsextremes Gedankengut, sei ein Faschist und dürfe deshalb nicht mehr lehren. Kinzler wurde beurlaubt und versteckte sich eine Zeit lang unter Polizeischutz in einer Berghütte. Von seinen Kollegen erhielt er kaum Unterstützung.

Harald Uhlig, University of Chicago, der sich kritisch zur Black-Lives-Matter-Bewegung geäußert hatte, speziell zu ihrem Vorschlag, die Polizei abzuschaffen, wurde von über fünfhundert Wissenschaftlern aufgefordert, er möge seine Stellung als Chefherausgeber des »Journal of Political Economy« aufgeben. Der Verdacht, er könne Manuskripte nach rassistischen Kriterien beurteilen, sei nicht mehr auszuräumen. Erst nach einer dienstrechtlichen Überprüfung konnte er seine Professur behalten.

Die Evolutionsbiologin Carole Hooven (Harvard University) hat ein Buch über das Testosteron geschrieben und die Folgen, die eine unterschiedliche hormonelle Ausstattung für beide Geschlechter hat. Als Dozentin wurde sie beurlaubt, weil sie in der Lehre an der biologischen Binarität der Geschlechter festhielt. Verschärfend kam hinzu, dass sie auch in einem Fernsehinterview die Auffassung vertreten hatte, »männlich« und »weiblich« seien unverzichtbare wissenschaftliche Begriffe. Wobei sie wiederholt betonte, dass biologische Fakten keine Aussagen über den Wert oder die Rechte eines Menschen beinhalten.

Neben diesen prominent gewordenen Fällen existiert eine kaum noch überschaubare Zahl anderer, die das Licht der Öffentlichkeit nur am Rande oder gar nicht erreicht haben. Hier nur einige Beispiele: Laurens Buijs (Universität Amsterdam), Thomáš Hudlický (Brock University/Kanada), Kathleen Lowry (University of Alberta/Kanada), Jason Hill (DePaul University/Chicago), James Kauffman (University of Virginia), Christy Hammer (University of Southern Maine), Erika López Prater (Hamline University/Minnesota), Vincent Tournier (Grenoble), Kenneth Zucker (University of Toronto/Kanada).

An amerikanischen Universitäten ist die Lage dadurch besonders prekär, dass Arbeitsverträge weniger gesichert sind als in Europa, wie speziell in Deutschland durch das Beamtenrecht. Um so kaltschnäuziger ist die Behauptung, es liege keine Einschränkung der Meinungsfreiheit vor, wenn jemand seine Stellung verliert. Er könne sich ja anderenorts äußern. Betroffen von den diversen Cancel-Aktionen sind nicht nur konservative Wissenschaftler, sondern auch viele Liberale. Hautfarbe und sexuelle Ausrichtung, ansonsten so hochgehaltene Kriterien, spielen keine Rolle mehr, wenn jemand auf der vermeintlich falschen Seite steht. So berichtet Jason Hill, ihm sei besonders übelgenommen worden, dass er sich als Schwarzer und Homosexueller dem gängigen Meinungsstrom entzogen habe.

Damit ist ein Phänomen benannt, das sich in Deutschland ausbreitet. Egon Flaig, Susanne Schröter, Jörg Baberowski, Herfried Münkler, Michael Gruenstaeudl gehören zu den bekanntesten Namen, die es getroffen hat. An der Universität Lüneburg wurde (seitens des AStA) gefordert, eine Juniorprofessorin für Wirtschaftsrecht zu entlassen. Alessandra Asteriti sei eine Transfeindin, vor der die Studenten geschützt werden müssten. Als Vergehen wurden ihr in einer privaten E-Mail enthaltene Ausführungen zum internationalen Recht vorgeworfen. Sie hatte geschrieben, dass die körperliche Unterscheidung von Mann und Frau notwendig sei, um die Unterdrückung und Benachteiligung von Frauen zu dokumentieren. Das wurde als unerträgliche Zumutung erlebt.

Großes Aufsehen erregte ein Vorfall an der Humboldt-Universität zu Berlin. Marie-Louise Vollbrecht, eine Doktorandin der Biologie, wollte am Tag der Offenen Tür einen Vortrag zum Thema »Geschlecht ist nicht gleich Geschlecht. Sex, Gender und warum es in der Biologie nur zwei Geschlechter gibt« halten. Es handelte sich um einen Beitrag, der sich auf basale biologische Erkenntnisse bezog. Die Universität sagte die Veranstaltung ab, aus Sicherheitsbedenken, Vollbrecht wurde vom »Arbeitskreis kritischer Jurist*innen« eine menschenverachtende Position vorgeworfen, die durch und durch queer- und transfeindlich sei. Die Veranstaltung wurde später zwar online nachgeholt, die Stellungnahme der Universitätsleitung blieb aber indifferent. Eine wirkliche Rückendeckung erhielt die junge Biologin nicht. Selbstverständlich herrsche Wissenschaftsfreiheit, ließ die Universität verlauten, distanzierte sich jedoch ausdrücklich von dem oben erwähnten kritischen Aufruf, den Vollbrecht zur öffentlichen Berichterstattung mitverfasst hatte (»Wie ARD und ZDF unsere Kinder indoktrinieren«). Er stehe nicht im Einklang mit ihrem Leitbild. Die Humboldt-Universität wurde daraufhin von der Bildungs- und Wissenschaftsministerin Stark-Watzinger gerügt. Immerhin. Die Studentenschaft hatte unterdessen dazu aufgerufen, zukünftig Meldung zu erstatten, sollte sich jemand im Beisein Vollbrechts verunsichert fühlen.

Einen weiteren betrüblichen Höhepunkt erreichte diese Entwicklung an der Universität Leipzig. Dort wurde eine Lehrveranstaltung des Privatdozenten Javier Álvarez-Vázquez gesprengt, der berichtet, er sei auch körperlich bedroht worden. Im Mittelpunkt der Angriffe stand ein Buch des Sigmund-Freud-Kulturpreisträgers Christoph Türcke (»Natur und Gender«), das von den Studenten als unwissenschaftlich klassifiziert wurde, als eine inhumane und plumpe transfeindliche Kampfschrift, die aus dem Lehrplan verschwinden müsse. Die protestierenden Leipziger Studenten erklärten allen Ernstes, sie verteidigten damit die Wissenschaftsfreiheit. »Der Protest richte sich nicht gegen Wissenschaftsfreiheit, die von den Studierenden für unerlässlich gehalten werde [...]. Beanspruchten aber ›Demagog*innen‹ diese Freiheit, handele es sich bloß um einen rhetorischen Trick. Erkenntnis werde nämlich gar nicht angestrebt. Vielmehr solle durch Demagogie selber Angst verbreitet und freie Wissenschaft unterdrückt werden.«[5] Die Konsequenz: Die Wissenschaftsfreiheit sei erst dann wiederhergestellt, wenn Türckes Text aus den Bibliotheken entfernt werde. Eine Auseinandersetzung mit seinen Inhalten sei unzumutbar, mit Tätern wie dem Autor werde nicht diskutiert. Die Konferenz sächsischer Studierendenschaften, die Vertretung aller Studenten im Land, solidarisierte sich und forderte eine Absage der Veranstaltung. Ebenso queer.de, Deutschlands wichtigstes LGBTI-Online-Medium. Die Philosophische Fakultät stellte sich jedoch hinter Álvarez-Vázquez, die Veranstaltung wurde im Online-Format fortgesetzt.

Die Bedrohung der Wissenschaftsfreiheit geht in Deutschland nicht von staatlichen Stellen aus, sondern von den Universitäten, den Fachhochschulen und ihrem Umfeld. Es »sind die Akteure des Wissenschaftssystems selbst, die einen schleichenden Aushöhlungsprozess in Gang gesetzt haben«, so dass die »Zensurschere im Kopf vieler Wissenschaftler [...] immer länger« wird. Diesen Satz

5 queer.de 2022.

Bernhard Kempens,[6] des Präsidenten des Deutschen Hochschulverbandes, sollten sich diejenigen vor Augen führen, die behaupten, es gehe nur um wenige Einzelfälle, die zu vernachlässigen seien. An der Beschneidung der Wissenschaftsfreiheit beteiligt sind Studenten, eine eher geringe Anzahl von Professoren und nicht wenige Angehörige des akademischen Mittelbaus. Sie halten Eingriffe in den Wissenschaftsbetrieb für erforderlich, zwingend notwendig sogar, weil damit übergeordnete Werte gerettet würden. Welche es sind, das entscheiden sie im Zweifelsfall selbst – aufgrund ihrer Gewissheit, sie seien dazu prädestiniert, über den Fortschritt und das Gute zu entscheiden. Mit dem Begriff der Cancel-Kultur können sie nichts anfangen. Er gilt ihnen als eine Erfindung derjenigen, die privilegiert sind und ihre Macht missbrauchen. Das meint auch Carlotta Israel, wissenschaftliche Mitarbeiterin an einem Lehrstuhl für Kirchengeschichte: »Falls sich noch jemand fragt: Ja, es geht um die (falsche) Annahme einer ›Cancel Culture‹ und die Abgrenzung vom ›Wokesein‹. Kurze Erinnerung: woke heißt so viel wie ›aufgewacht sein‹ und daher Diskriminierungen wahrnehmend. Diesen Begriff negativ zu verwenden, heißt, sich auf die Seite der Diskriminierenden zu stellen und die Augen vor verschiedenen Diskriminierungsstrukturen zu schließen.«[7]

---

6 Kempen 2021, S. 6.

7 Israel 2023, S. 2.

Die »Woken«, das ist ihre feste Überzeugung, beschnitten niemanden in seinen Rechten. Sie schädigten ihn auch nicht, sondern nähmen ihm nur etwas, das ihm ohnehin nicht zusteht. Im Namen einer höheren Gerechtigkeit.

Mitunter wird auf Ethik-Richtlinien rekurriert, die sich Universitäten gegeben haben, um Diskriminierungen zu begegnen. Oft in (bewusster) Verkennung der Tatsache, dass es sich um untergeordnete Rechtsgüter handelt, die nicht an die Stelle des Grundgesetzes treten können. Dort heißt es im Artikel 33 unmissverständlich: »Niemandem darf aus seiner Zugehörigkeit oder Nichtzugehörigkeit zu einem Bekenntnisse oder einer Weltanschauung ein Nachteil erwachsen.«[8] Niemand darf an der freien Rede gehindert werden, es sei denn, er verstößt gegen geltendes Recht. Die Holocaust-Leugnung ist ein Beispiel dafür. Doch um das Grundgesetz ist es still geworden. Das Rechtsempfinden ist gegenwärtig einer starken Personalisierung und Moralisierung ausgesetzt. Was richtig ist, das bestimmt der Einzelne oder genauer noch die Gruppe, die er repräsentiert. So sagt ein Doktorand einer deutschen Universität: »›Es geht unserer Generation darum, nicht nur kritisch und solidarisch zu denken, sondern auch zu handeln – in unserer Forschung, in unseren Institutionen, in unserem Leben.‹ Wichtige Stichworte seien Widerstand, Soli-

8 Grundgesetz 1949/2017, S. 37.

darität, unterdrückte Minderheiten, Gerechtigkeit, Taktik.«[9] Wissenschaft gerät dann zur politischen Aktion. Die Distanz zum Forschungsgegenstand schwindet, ein wissenschaftlicher Auftrag kann nicht mehr erfüllt werden. Das dürfte diejenigen kaum stören, die davon überzeugt sind, dass die Redefreiheit begrenzt werden müsse und Bücher, die missfallen, aus den Bibliotheken verschwinden sollten. Und das sind nicht wenige.

Eine Befragung unter Frankfurter Studenten aus einem politisch eher linken Spektrum erbrachte dazu ein beunruhigendes Ergebnis. Ein Drittel bis die Hälfte sprach sich dafür aus, dass Vorträge abgesagt oder Bücher aus den Bibliotheken verbannt werden, die sich aus ihrer Sicht unangemessen zu Themen wie Islam, Geschlecht oder Zuwanderung äußern. Doch die gleiche Rigorosität, die sie für sich beanspruchen, wird anderen nicht zugestanden. Auch sie könnten aufgrund ihrer Überzeugungen und Empfindungen fordern, dass bestimmte Inhalte nicht mehr thematisiert werden, etwa solche, für die diese Studenten so vehement einstehen. Ein ungläubiges Staunen wäre die Folge und eine heftige Empörung darüber, dass die Meinungs- und Wissenschaftsfreiheit beschnitten würde.

Hier wird allzu offensichtlich mit zweierlei Maß gemessen. Man selbst sei aufgrund einer beson-

---

9 Singer 2022, S. 5.

deren Verantwortlichkeit und moralischen Superiorität dazu legitimiert, akademische Freiheitsrechte zu beschneiden, andere hingegen nicht, weil sie weltanschaulich oder religiös auf der falschen Seite stehen. Deren persönliche Betroffenheit, sonst ein gern genutztes Argument, gilt in diesem Fall als bedeutungslos.

Noch sehr viel deutlicher illustriert das folgende Beispiel ein überaus fragwürdiges Verhältnis von Parteilichkeit und Wissenschaft. Es stammt aus einer der führenden juristischen Fakultäten Amerikas. Ein langjähriger Bürgerrechtsveteran, Ira Glasser, berichtet zunächst voller Begeisterung: »Das Publikum war gemischt. Es waren ebenso viele Frauen wie Männer anwesend. Menschen jeder Hautfarbe und jeder ethnischen Herkunft. Davon hatten wir geträumt. Dafür hatten wir gekämpft. Ich schaue also in dieses Publikum und finde es einfach nur wunderbar.« Doch dabei bleibt es nicht: »Später dann, nach der Podiumsdiskussion, stehen diese Menschen auf, einer nach dem anderen, auch einige jüngere Professoren sind darunter, um mit Nachdruck zu behaupten, dass ihre Ziele in Bezug auf soziale Gerechtigkeit, für Schwarze, für Frauen, für Minderheiten aller Art, nicht zu vereinbaren seien mit der Redefreiheit und dass die Redefreiheit ihr Gegner sei.« Glasser ist entsetzt: »Wenn Menschen, die heute behaupten, dass ihnen soziale Gerechtigkeit am Herzen liegt, die freie Meinungsäußerung als ihren Feind sehen, dann ist das glatter

Selbstmord.«[10] Diese Veranstaltung mag ein besonders drastischer Fall sein, der jedoch Ausdruck einer Entwicklung ist, die sich auch anderswo vollzieht.

Bisher nur wenig von der Öffentlichkeit wahrgenommen, ist in der Zeitschrift »Nature Human Behavior« im August 2022 ein Editorial erschienen, das den Titel trägt: »Die Wissenschaft muss die Würde und die Rechte aller Menschen respektieren.«[11] Die Kernaussage: So wertvoll die Wissenschaftsfreiheit auch sei, sie könne nicht grenzenlos gelten. Zu lange habe sich die Wissenschaft daran beteiligt, strukturelle Ungleichheit und Diskriminierung in der Gesellschaft aufrechtzuerhalten. Dem müsse nun endlich ein Ende bereitet werden. Die Publikationsrichtlinien wurden deshalb grundlegend revidiert. Zukünftig sollen nur noch Beiträge erscheinen, die den neuen Ethik-Leitlinien entsprechen. Die Autoren müssten jetzt sehr genau prüfen, ob sich jemand aufgrund ihrer Beiträge verletzt, gekränkt, herabgesetzt fühlen könnte. Ihre Sprache soll über jeden Diskriminierungsverdacht erhaben sein, auch dadurch, dass sie über ihre eigenen Privilegien reflektieren. Die Interessen, Rechte und Sensibilitäten spezieller Gruppen sind zu beachten, wobei zwei Bereiche besonders hervorgehoben werden: »race«, ethnische Zugehörigkeit und

10 Nach Shapiro 2022, S. 121.
11 Nature Human Behavior 2022.

Rassismus sowie Sex, Geschlechtsidentität und sexuelle Orientierung. Ausdrücklich gefordert wird, dass es keine Veröffentlichungen mehr geben soll, die sich gegen die LGBTQ+-Gemeinschaft richten. Jede Anti-LGBTQ+-Haltung sei verwerflich. Zur Überprüfung könnten auch externe ethische Experten herangezogen werden. Wer sie sind, das erfährt man nicht.

Und wie wird definiert, wann eine Diskriminierung beginnt? Wenn die persönliche Betroffenheit zum Kriterium erhoben wird, öffnet sich ein weites Feld, nicht nur hinsichtlich der biologischen Binarität und unterschiedlicher Auffassungen zum Genderbegriff. Die ganze Psychopathologie kann unter Verdacht geraten. Schwere Suchterkrankungen gehen in der Regel mit strukturellen Beeinträchtigungen der Persönlichkeitsentwicklung einher, wer unter einer Neurose leidet, ist inneren Konflikten ausgesetzt, die er nicht bewältigen kann. Ein psychotischer Mensch hat den Kontakt zur Realität verloren. Bereits diese Beschreibungen können als kränkend und entwertend erlebt werden, als defizitäre Zuweisungen, die diskriminieren. Gleiches gilt für die Kategorien des Behinderungssystems. Auch sie werden in Frage gestellt. James Kauffman, ein renommierter Sonderpädagoge, beschrieb, dass Behinderung auch Leid und schmerzliche Lebenseinschränkung bedeuten kann. Das hat eine Welle von Empörung hervorgerufen, die in der Forderung nach einem Publikationsverbot in der Zeitschrift »Exceptionality« gipfelte. Mehrere hundert Behindertenaktivisten und Wissenschaftler hatten dazu aufgerufen. Ihr Drohpotenzial ist erheblich, denn es geht auch um die Reputation der Zeitschrift und ihre Verkaufszahlen. Offen bleibt, wie lange Wissenschaftsverlage einem solchen Druck standzuhalten vermögen.

Bei der Zeitschrift »Nature Human Behavior« ist offensichtlich, dass ihre Bereitschaft gering ist, sich für Autoren einzusetzen, die eine Angriffsfläche bieten könnten. Hat sie sich doch aufgrund ihrer Richtlinien von vornherein auf die Seite derer gestellt, die ihre Betroffenheit zum wissenschaftlichen Maßstab erheben. Die Zeitschrift gehört zum Verlag Springer, einem der weltweit führenden Anbieter wissenschaftlicher Zeitschriften. Was dort geschieht, hat einiges Gewicht, zumal angekündigt wurde, dass weitere Journale diesem Vorbild folgen werden. Auch andere Verlage dürften sich dem anschließen. Der Wandel ist in vollem Gange.

Die Deutsche Forschungsgemeinschaft (DFG) schlägt ebenfalls einen Weg ein, der nachdenklich stimmt. Forschungsanträge sind so abzufassen, dass sie sich als genderkompetent erweisen. Den neuen Diversitätsstandards zufolge sollen zukünftig 14 Kategorien bedacht werden wie »Geschlecht und geschlechtliche Identität, sexuelle Orientierung, Alter, ethnische Herkunft und Nationalität, soziale Herkunft (beispielsweise unter folgenden

Aspekten: ökonomische Situation, Herkunft aus nicht-akademischer Familie, Migrationsgeschichte), Religion und Weltanschauung, Behinderung oder chronische/langwierige Erkrankung.«[12] Diese persönlichen und biographischen Merkmale können sich, wie weiterhin erklärt wird, intersektional verstärken.

Ob die dahinterstehende Idee, Diversität stärke die Forschung, wirklich zutrifft, steht in den Sternen. Empirisch belegt ist sie nicht. Der Forschungsgemeinschaft ist bewusst, dass sich die genannten Kriterien über das Alter und Geschlecht hinaus nicht erfassen lassen, ohne dass in den persönlichen Intimbereich eingedrungen wird. Infolgedessen sind auch keine Quotierungen entlang der einzelnen Diversitätsdimensionen vorgesehen, was faktisch, selbst wenn sie bekannt wären, nach rationalen Kriterien auch gar nicht möglich ist. Würde die sexuelle Identität stärker zählen als eine religiöse Gebundenheit, die ethnische Herkunft mehr wert sein als eine bestimmte Weltanschauung, das Alter den ökonomischen Status überflügeln? Oder genau umgekehrt? Und welche Rolle spielt bei all dem das Leistungsprinzip? Wenn es merklich relativiert wird, tritt eine verfassungsrechtlich bedenkliche Situation ein, die persönliche Grundrechte verletzt.

---

12 Deutsche Forschungsgemeinschaft 2022, S. 1.

Sicher ist jedoch, dass sich etwas ändern soll, selbst dann, wenn viele Faktoren im Dunkeln bleiben. Angestrebt wird ein Mentalitätswandel. Diversität soll zu einem allgegenwärtigen Thema werden, das das universitäre Klima prägt. Das verrät ein Maßnahmenkatalog der DFG, der über 400 Stichworte enthält. Neben der personalintensiven Einstellung von Diversitätsbeauftragten werden Schulungskurse und Workshops für Mitarbeiter genannt, die aufklären und das richtige Bewusstsein vermitteln sollen. Die Einführung einer gendergerechten Sprache sei ebenso notwendig wie geschlechtsneutrale Toiletten, die, im Verein mit weiteren unzähligen Maßnahmen, der Diversität eine anhaltende Aufmerksamkeit sichern sollen. All das wird seine Wirkung zeigen, wissenschaftlich wie atmosphärisch. Die Wissenschaft rückt damit in die Nähe eines sozialpolitischen Förder- und Erziehungsprogramms.

Die Anfänge dieser Entwicklung reichen weit zurück. Einen ihrer wesentlichen Grundsteine bildet die sogenannte French Theory, die auf Arbeiten von Autoren wie Foucault, Derrida, Deleuze, Baudrillard oder Lyotard beruht. Sie fand seit den 1960er Jahren in Europa zunächst großen Anklang, geriet dann aber wieder in den Hintergrund. Von 1980 an wurde sie in den Vereinigten Staaten intensiv rezipiert, erlangte dort in den Sozial- und Kulturwissenschaften geradezu einen Kultstatus und kehrte nach Europa zurück. Die »French Theory«

war inzwischen zu einer Leitfigur für die Gender-Studien und die Queertheorie geworden, für die postkolonialen Studien, die »Critical Race Theory« und die »Critical Whiteness Studies«.

Sie zeichnet eine skeptische bis offen ablehnende Haltung gegenüber all dem aus, was bisher als Vernunft, Wahrheit und Wissen anerkannt wurde. Gesellschaftliche Machtverhältnisse sind ihr entscheidender Bezugspunkt, die Sprache gilt als dominierendes Mittel zur Herrschaftssicherung. Sprache definiere, wie die Welt gesehen wird. Was als faktisch ausgegeben wird, sei in Wirklichkeit eine Täuschung, die Folge sozialer Konstruktionen, die, je nachdem, wer die Diskurshoheit besitzt, ganz unterschiedlich ausfallen könnten. Diskurse müssten deshalb dekonstruiert und die ihnen zugrunde liegenden Herrschaftsstrukturen entlarvt werden. Das Ringen um die Sprache wird als wichtigster Hebel für eine fundamentale gesellschaftliche Veränderung angesehen. Wer über die sprachliche Hoheit verfügt, wer darüber bestimmt, was zulässig ist und was nicht, hat einen entscheidenden Etappensieg errungen. Dieses Streben nach Deutungshoheit, auch in der Wissenschaft, ist unmittelbar mit politischen Zielen verknüpft, die marginalisierten Gruppen dienen sollen.

Erlebte Wirklichkeit, die Hinwendung zu Gefühl und Betroffenheit, fließt immer stärker in akademische Überlegungen ein. Eine wichtige Leitlinie der Erkenntnissuche ist das Anliegen diverser Minderheiten und Randgruppen geworden, die jeweils ihre eigene »Sprache« sprechen, die sie von der Mehrheit der Gesellschaft separiert. Die Konzentration auf deren Subjektivität und Befindlichkeit führt zu einer Abkehr von allgemein anerkannten Kriterien der Erkenntnissuche. Verbindende Werte und verbindliche Maßstäbe gehen verloren. Das Gefühl ersetzt die Rationalität. Empirische Belege, Überprüfbarkeit und Nachvollziehbarkeit werden gering geschätzt, wenn sie der eigenen weltanschaulichen Überzeugung widersprechen. Ein markantes Beispiel dafür ist der Umgang mit dem modisch gewordenen Begriff des Narrativs. Er soll nicht nur begrenzte subjektive Wahrnehmungen widerspiegeln, sondern beansprucht per se einen Wahrheits- und Sinnstiftungsstatus. Die Narrative bestimmter Gruppen dürften dann, so lautet die entschiedene Forderung, nicht mehr hinterfragt werden. Was erlebt wird, bedürfe keiner weiteren Beweise.

Der oft mühselig erworbene, über Jahrzehnte errungene Wissenskanon ganzer Disziplinen gerät unter den Verdacht, er sei ein bloßes kulturelles Artefakt, voller Herrschaftskonstruktionen, die soziale und politische Machtinteressen sichern sollen: in erster Linie die des europäischen weißen Mannes. Ein alle verbindender rationaler Diskurs sei unmöglich. Die Stimmen der Unterdrückten würden nicht gehört. »Deshalb gäbe es auch keine Meinungsfreiheit, da sich in den Diskursen immer nur die Meinung der Privilegierten und Herrschenden widerspiegele.«[13] Von dieser Position aus fällt es leicht, die Rechte anderer einzuschränken. Die Wissenschaftsfreiheit ist damit kein wertvolles und zu verteidigendes Gut mehr, sondern wird, im Gegenteil, zur Bedrohung.

Damit einher geht eine Abkehr vom Individuum als einem autonomen Subjekt, das in Freiheit über sich selbst entscheidet. Der Einzelne ist zum Teil eines Kollektivs geworden, seiner Identitätsgruppe, die ihn durch Merkmale wie Herkunft, Geschlecht, sexuelle Orientierung, Ethnie oder Religion definiert. Er interessiert nur noch dahingehend, in welche Diskurse er eingebettet ist und welche Position er in der Hierarchie der Machtkonstruktionen einnimmt. Die individuelle Lebensgeschichte, persönliche Verstrickungen und innere Konflikte tauchen nicht mehr als relevante Größen auf. Klagen über Verletzungen, Ungerechtigkeiten und Zurücksetzungen werden im Namen einer diskriminierten Minderheit abgegeben, persönliche Sensibilitäten spiegeln das Schicksal der Identitätsgruppe wider.

Herbert Marcuse hätte seine Freude an dieser Entwicklung gehabt. Das von ihm totgesagte Proletariat, der Träger klassenkämpferischer Aktivitäten, ist tatsächlich von diversen Minderheits- und Randgruppen abgelöst worden, die zu Macht und Einfluss gelangt sind. Zugleich tragen seine Ausführungen zur repressiven Toleranz späte Früchte.

---

13 Ackermann 2022, S. 130.

Toleranz gebühre lediglich den progressiven Kräften, nicht aber den Rückwärtsorientierten, den Konservativen und politisch Rechten. Sie sollen aus dem Diskurs ausgeschlossen werden, weil sie die Freiheit bedrohen. Wörtlich: »Darüber hinaus kann die Wiederherstellung der Denkfreiheit neue und strenge Beschränkungen der Lehren und Praktiken in den pädagogischen Institutionen erfordern.«[14] Und an den Universitäten natürlich auch.[15]

14 Marcuse 1968, S. 112.
15 Debray 2016, S. 15.

Cui bono?

> »Aus dem Unrecht, das es auch im Westen gibt, wird ein Geburtsfehler der Kultur selbst.«
>
> *Guiseppe Gracia*[1]

DER Wunsch nach Erlösung von gesellschaftlichen Zwängen und den Begrenzungen, die das Leben mit sich bringt, tritt gegenwärtig vor allem in wokem Gewand zutage. Die persönliche Betroffenheit und die soziale Position des Sprechers sollen darüber entscheiden, ob etwas wahr und bedeutsam ist. Minderheiten beanspruchen weitreichende Vorrechte. Sie wollen verbindlich definieren, was als human und fortschrittlich zu gelten hat, ihre Gefühle erheben sie zum Maßstab der gesellschaftlichen Entwicklung. Durchaus folgenreich: Wir nähern uns einer vom Gefühl determinierten Epoche, die sich von vielem verabschiedet, was bisher leitend war: die Vernunft als Erkenntnisprinzip, eine Suche nach Wahrheit, die von objektiven Kriterien geleitet ist, den universalistischen Prinzipien der Aufklärung. Das ist keine überzogene kulturpessimistische Diagnose, sondern beruht auf einer Vielzahl von jederzeit überprüfbaren Fakten.

---

1 Gracia 2023, S. 8.

Die Welt soll neu geordnet werden, mittels eines Kulturkampfes, der äußerst heftig geführt wird und quasi-religiöse Züge annehmen kann. Einerseits kapseln sich die verschiedenen Identitätsgruppen ab: Nur sie könnten ihre Welt verstehen, niemand dürfe sich einmischen, ihre Selbstbestimmung in Frage stellen und ihr Weltbild stören. Zugleich fühlen sie sich als Vorkämpfer einer repressionsfreien Gesellschaft, die alle einschließt, als Avantgarde, die zur allgemeinen Befreiung berufen ist – beauftragt von den progressiven, mit ausreichend moralischer Legitimation ausgestatteten Kräften.

Das geht mit atemberaubenden Vereinfachungen und Übersteigerungen einher. Bedauerliche und beklagenswerte Einzelphänomene werden für das Ganze genommen. Rechtsextreme Verfehlungen gelten als Beweis dafür, dass der Faschismus erneut grassiert und beträchtliche Teile der europäischen Bevölkerung in Bann geschlagen hat. Fremdenfeindliche Äußerungen und Taten werden als symptomatisch für ein durch und durch rassistisches Land gewertet. Ein struktureller Rassismus zeige sich auch dort, wo er manifest gar nicht in Erscheinung tritt. Des Rassismus verdächtig sein kann bereits derjenige, der sich für Herkunft und Lebensgeschichte anderer interessiert. Wer sich auf biologische Fakten beruft, kann der Transfeindlichkeit bezichtigt werden. Wer für Wissenschaftsfreiheit plädiert, setzt sich gegebenenfalls dem Verdacht aus, er wolle reaktionären Kräften den Weg bereiten.

Die Welt wird bar jeglicher Schattierungen und Zwischentöne in Gut oder Böse aufgeteilt. Mit großer persönlicher Betroffenheit vorgebracht, verfehlt diese Spaltung ihre Wirkung nicht. Vor allem dort, wo sie sich auf ein humanes Anliegen beruft, das weithin Zuspruch erfährt. Doch das ist nur die eine Seite: Zugleich wird eine nahezu vollständige Unterwerfung unter diese Agenda erwartet. Wer widerspricht, gerät schnell unter das Verdikt des moralisch Unzumutbaren und Untragbaren.

Der Journalist und ARD-Tagesschausprecher Constantin Schreiber hat sich intensiv mit dem Islam beschäftigt, in arabischen Ländern gearbeitet und diverse abwägende, kritisch-reflektierende Kommentare und Bücher zum Thema verfasst. Die Anfeindungen und Drohungen, die linke Aktivisten und einige Journalisten gegen ihn richteten, sind im Laufe der Zeit immer heftiger geworden. Ihm wird Rechtsextremismus und Hass auf den Islam vorgeworfen. Bei einer Lesung in Jena kam es zu einem körperlichen Angriff, Schreiber wurde eine Torte ins Gesicht geschleudert. Die veranstaltende Buchhandlung reagierte darauf mit auffälliger Zurückhaltung. Es sei ihrem Vertreter, so Schreiber, vor allem darum gegangen, dass sich niemand ausgegrenzt fühlt. Damit waren die Angreifer gemeint. Die Universität, in deren Räumen die Lesung stattfand, äußerte sich erst aufgrund von Presseanfragen zu dem Sachverhalt. Ihre Stellungnahme fiel äußerst milde aus, eine entschiedene Parteinahme unterblieb. Eine »kleine« Begebenheit brachte das Fass dann zum Überlaufen, die Bemerkung eines Taxifahrers, er wisse ja nun, wo Schreiber wohne. Daraufhin zog Schreiber die Reißleine: »Ich werde mich zu allem, was mit dem Islam auch nur im Entferntesten zu tun hat, nicht mehr äußern. Ich werde keine Bücher dazu schreiben, ich lehne Talkshow-Anfragen ab, ich mache das nicht mehr.«[2]

Dem kommt eine Stimmungslage entgegen, die den gesellschaftlichen Diskurs seit einiger Zeit prägt. Medien und Konzerne verpflichten sich demonstrativ »fortschrittlichen« Werten, feiern Diversität und schmücken sich mit identitätspolitischen Insignien. Das journalistische Berufsethos hat sich gravierend gewandelt. Die Wiedergabe von Fakten, abwägende Interpretationen und die Eröffnung unterschiedlicher Perspektiven werden nicht mehr für ausreichend gehalten. Inzwischen geht es um Haltungen, die vermittelt und übernommen werden sollen. Journalismus ist zur Überzeugungsarbeit geworden, nicht frei von einem erzieherischen und missionarischen Auftrag. Eine distanzierte Nüchternheit, die einst bei allem Engagement als hohes Ideal galt, ist nicht mehr gefragt. Das berühmte Diktum Hans Joachim Friedrichs, ein Journalist dürfe sich mit keiner Sache gemeinmachen, selbst wenn es sich um eine gute handele, ist längst passé.

---

2 Schreiber 2023.

In vielen, ehemals liberalen US-amerikanischen Printmedien ist eine Berichterstattung, die sich um Objektivität bemüht, auf dem Rückzug. Parteilichkeit lautet das neue Motto, das von prominenten Chefredakteuren favorisiert und als Qualitätskriterium engagierter journalistischer Arbeit angepriesen wird. Ihre Aufgabe sei es, gesellschaftliche Prozesse zu fördern, die zu mehr Gerechtigkeit beitragen. Eingefahrene Denkmuster und Besitzstände müssten deshalb überwunden werden. Die bevorzugten Themen in dieser Hinsicht sind Gender und Transgender, Rassismus und Kolonialismus bis hin zu dem vom Magazin der »New York Times« 2019 initiierten Projekt »1619«. Dieses Projekt, das inzwischen in Schulen Fuß gefasst hat, will die gesamte amerikanische Geschichte umschreiben. In ihrem Mittelpunkt soll die Sklavenhaltung stehen und ein bis heute währender Rassismus, nicht mehr die Freiheitsgeschichte des Landes. Das bisherige nationale Selbstverständnis, repräsentiert durch die Unabhängigkeitserklärung (1776), wird damit auf den Kopf gestellt. Die unveräußerlichen Menschenrechte, die jedes Individuum besitzt, die Gleichheit aller Menschen und die Verpflichtung des Staates, die Freiheits- und Menschenrechte zu garantieren, geraten dadurch zu Kategorien zweiter Ordnung.

Auch die Wirtschaft ist auf diesen zeitgeistigen Zug aufgesprungen. Das belegen die zahlreichen Sympathiebekundungen, die große amerikanische Unternehmen wie Walmart oder Microsoft für die Black-Lives-Matter-Bewegung abgegeben haben. Der strukturelle Rassismus müsse bekämpft, »die weiße Vorherrschaft zerschlagen«[3] werden, wie der Speiseeishersteller Ben & Jerry's verkündet. Einer zutiefst ungerechten und schuldbehafteten Gesellschaft wird der Kampf angesagt, auf unterschiedlichen Ebenen, auch firmenintern durch die Besetzung von Leitungspositionen nach Diversitätskriterien und die Schulung von Mitarbeitern durch Antirassismus- und Diversity-Trainings. Auch in diesem Punkt versuchen sich Firmen wie Apple, Coca-Cola oder Nike öffentlichkeitswirksam gegenseitig zu überbieten. Tolerant geht es dabei nicht immer zu. Einige Unternehmen verweisen ausdrücklich darauf, dass von der Firmenlinie abweichende Haltungen nicht mehr toleriert würden. In den Vereinigten Staaten kommt ein anderer, nicht zu unterschätzender Effekt hinzu: die Sorge, in Klageverfahren verwickelt zu werden, die sich auf die Verletzung von Minderheitenrechten berufen. Sie können, wenn sie erfolgreich sind, zu beträchtlichen Geldbußen und strafrechtlichen Konsequenzen führen. Der Unschuldsbeweis ist in solchen Fällen meist schwer zu erbringen. Ein Schaden entsteht oft schon, wenn unberechtigte und unbelegte Vorwürfe an die Öffentlichkeit geraten.

---

3 Shapiro 2022, S. 153.

Nach außen präsentieren sich diese Unternehmen weltoffen und progressiv. Sie wähnen sich auf der Höhe der Zeit, moralisch »gut aufgestellt«, auf der Seite unterdrückter Minderheiten bestens platziert; sicher nicht ohne sehr genaue Überlegungen dazu, was das für ihre jeweilige Marktposition bedeutet. Ihre Kunden haben sie dabei fest im Blick: eine neue Generation von Konsumenten, jung, häufig idealistisch, aufnahmebereit für das, was sich gut und gerecht anfühlt und entsprechend unbeschwert auftritt. Fortschrittlich klingende Ideen kommen an, ohne dass sie weiter überprüft werden müssten, zumal sie das eigene Leben oft nur am Rande tangieren. Aber auch Ältere, selbst Konservative lassen sich, wie empirisch belegt ist, damit ködern. Auch sie wollen, dass das, was sie kaufen, zeitgemäß und progressiv daherkommt.

Widerspruchsfrei präsentiert sich die Gemengelage allerdings nicht. Unternehmen sind dazu da, Geld zu verdienen, diesem Gebot können sie sich nicht entziehen. Doch wie weit die hehren moralischen Werte tragen, zeigt sich in den Handelsabkommen mit islamischen Ländern. Insignien, die hier das Firmenselbstverständnis prägen, spielen dort keine Rolle mehr. Sie werden entfernt, so, als hätte es sie nie gegeben. Das Bekenntnis zur Vielfalt von Lebensformen wird umstandslos außer Kraft gesetzt, auch und gerade in Sachen Homosexualität, die in sechs islamischen Ländern, so auch dem Iran, unter Todesstrafe steht.

Warum sich das identitätspolitische Denken trotz diverser Ungereimtheiten und Widersprüchlichkeiten so ungehindert ausbreiten konnte, bedarf einer weiteren Klärung. Bradley Campbell und Jason Manning (2018) haben sich mit dem Wandel des Sozialcharakters auseinandergesetzt: dem Wandel von einer Würdekultur zu einer Opferkultur. Die Würdekultur beruht auf innerlich gefestigten Personen, die sich robust gegen Anfechtungen zu behaupten vermögen. Auseinandersetzungen, die sie führen, gefährden sie nicht wirklich. Dazu sind sie sich ihrer selbst, aufgrund ihres stabilen Selbstgefühls, zu sicher. Eine solche innere Disposition droht sich zusehends zu verflüchtigen. Zumindest kennzeichnet sie nicht mehr das moralische Gefüge, das jetzt die Opferkultur repräsentiert, die persönliche Verletzlichkeiten zum Gradmesser des Zusammenlebens erhoben hat. Viele Zumutungen, die das Leben mit sich bringt, gelten deshalb als schwer erträglich. Das Selbst wird als fragil wahrgenommen, es lebt im Zustand ständiger Bedrohung. Winzige Irritationen reichen aus, sogenannte Mikroaggressionen, um Sanktionen und Verbote einzuklagen.

Diese Entwicklung beschränkt sich schon längst nicht mehr auf kleine universitäre Zirkel, die ein abgeschottetes Eigenleben führen, sie hat weite Bereiche des Alltagslebens erfasst. Das belegt die Einschränkung von Rede- und Wissenschaftsfreiheit ebenso wie die Durchforstung kultureller Produkte und historischer Dokumente nach allem, was als diskriminierend erlebt werden könnte. Eine solch übersteigerte Empfindlichkeit, die in Wirklichkeit eine Hypersensibilität ist, greift nach Jonathan Haidt auf eine Erziehung zurück, die sich ganz der kindlichen Selbstentfaltung verschrieben hat. Was Kinder erleben, gilt als Ausdruck ihrer authentischen Befindlichkeit, eines Selbst, das nicht gestört werden darf. Kinder sollen in einem beschützenden Klima aufwachsen, das ihr Selbstbild bestätigt, Belastungen und Konflikte werden von ihnen ferngehalten. Eine Konfrontation mit dem Fremden, das irritieren könnte, unterbleibt. Daran knüpft sich die Erwartung, dass sie damit gut für das Leben ausgestattet sind. Ein innerer Raum, der Spannungen aushält und Kontroversen zulässt, eine Offenheit für andere und anderes, kann sich so kaum entwickeln. Zu groß ist die Befangenheit in sich selbst, zu stark die Verführung, sich in einer Welt einzurichten, die sich in einfache dichotome Formeln pressen lässt. Wer sich dann noch auf die Seite des Guten stellt, hat seine Schuldigkeit getan, jedenfalls dem eigenen Erleben nach.

Deshalb werden Strukturen bekämpft, die auf kritische (Selbst-)Reflexion setzen und die voraussetzen, dass ein Selbstbewusstsein erst durch das Ringen mit sich selbst und anderen erworben werden kann. Eine Universität, die ihren Auftrag ernst nimmt, stellt Studenten vor genau diese Aufgabe. »Wenn ich höre, dass Studenten sich wohlfühlen wollen, hört bei mir der Spass auf. Es ist nicht meine Aufgabe, dafür zu sorgen, dass sich Leute in meinen Kursen wohlfühlen, im Gegenteil – es ist mein Job, sie dazu zu bringen, die Wohlfühlzone zu verlassen. Sie müssen sich mit Ideen auseinandersetzen, die nicht in ihr Weltbild passen. Verstehen Sie mich richtig – es geht nicht darum, Leute zu beleidigen oder schlecht zu behandeln, aufgrund ihrer Ethnie oder ihrer Religion. Es geht an einer Universität darum, in der Erkenntnis gemeinsam weiterzukommen …«[4] Dieser Satz stammt von Condoleezza Rice, der ehemaligen Außenministerin der USA, die jetzt wieder in Stanford lehrt.

Allzu eng sollte die Verbindung von Erziehung und einer »woken« Haltung allerdings nicht gezogen werden, dazu ist das Phänomen zu vielgestaltig. Aber es ist schon bemerkenswert, dass sich in der Pädagogik reichlich Befreiungsphantasien tummeln, die heutigen Erlösungswünschen nahestehen. Bereits Rousseau, eine Gründungsfigur der Pädagogik, unterschied zwischen einer Entwicklung, die den kindlichen Selbstentfaltungskräften freien Raum lässt, und einer Erziehung, die das Kind mit äußeren Erwartungen und Anforderungen konfrontiert. Rousseau stellt sich entschieden auf die Seite der kindlichen Bedürfnisse. Von Kindern sollen gesellschaftliche Zwänge so lange wie möglich ferngehalten werden, damit sie sich ungestört entfalten,

---

4 Zit. nach Scheu 2020, S. 262.

ihre Unschuld bewahren und ihre innere Natur zur Geltung bringen können – ganz auf die Gegenwart gerichtet und von der Last der Zukunft befreit.

Rousseaus Vorstellungen währen in zeittypisch unterschiedlichen Ausformungen fort. Insbesondere die Jahre nach 1968 haben ihnen eine erneute Aufmerksamkeit beschert. Ein prominentes Beispiel dafür ist Alice Miller, die sich als Psychoanalytikerin zunächst therapeutischen Aufgaben widmete und danach mit Schriften zur Erziehung auf enormes Interesse stieß. Sie hat eine ganze Generation von Eltern, Erziehern und Lehrern nachhaltig beeinflusst. Miller beschreibt, wie sehr sich Kinder auf die Bedürfnisse anderer auszurichten vermögen, vor allem, wenn sie über eine hohe Sensibilität verfügen. Sie entsprechen den subtilen Erwartungen, die primär Mütter an sie herantragen, und verkennen auf tragische Weise, wie es um ihr eigenes Inneres bestellt ist, ohne dass ihnen das bewusst werden darf. Ihr Leben bleibt unerfüllt, das »falsche Selbst« zwingt sie dazu. Im Erziehungsgeschehen plädiert Miller[5] deshalb für äußerste Zurückhaltung. Denn die Erziehung konfrontiere die Heranwachsenden mit fremden Erwartungen, könne sich in fataler Weise auf ihr Inneres auswirken, sie verletzen und in ihren wahren Bedürfnissen schädigen. Miller hält Erziehung für ein so gefährliches Unterfangen, dass sie ihren Wert grundsätzlich in Zweifel

5 Miller 1987.

zieht. Der Weg von dieser Position aus zu den heutigen »Schneeflöckchen« ist dann nicht mehr weit.

Und doch gibt es wesentliche Unterschiede. Miller hat sich auf persönliche Beziehungen konzentriert, ihr ging es um das psychische Leid des Einzelnen. Die zur Zeit demonstrativ nach außen gekehrten Befindlichkeiten haben jedoch noch eine andere, explizit politische Funktion. Sie dienen Machtinteressen. Persönliche Empfindungen werden zum verbindlichen Maßstab aller erklärt. Bemerkenswert ist dabei die Exklusivität, mit der auf das eigene Erleben rekurriert wird. Erinnerungen und Gefühlen wird nur so lange eine positive Bedeutung beigemessen, wie sie der vorgegebenen Moral entsprechen und sich in die dazugehörigen Narrative einordnen. Andernfalls gelten sie als Ausdruck eines falschen Bewusstseins, das bekämpft werden muss. Und das kann schnell passieren, denn die »neue Diversität ist das Gegenteil von echter Vielfalt. In ihrem Namen werden all jene diskriminiert, die nicht der gewünschten Weltanschauung entsprechen.«[6]

Die Entwertung Andersdenkender ist zu einem weitverbreiteten Phänomen geworden. Ein »falsches Wort« kann ausreichen, um jemanden sozial an den Rand zu drängen und ihn nachhaltig zu schädigen. Dementsprechend ist Vorsicht eingekehrt. In einer

---

6 Zit. nach Scheu 2020, S. 284.

Umfrage des Allensbach-Instituts[7] aus dem Jahr 2021 gaben nur noch 45 Prozent der Bevölkerung an, sie könnten ihre Meinung frei äußern, vor allem bei Themen wie Gendersprache, Migration oder Islam sei große Vorsicht geboten.

Auf den ersten Blick leuchtet ein, dass sich kaum jemand in diese Gefahrenzone begeben mag. Dennoch stellt sich die Frage, warum vieles hingenommen wird, ohne dass sich Empörung und Widerspruch einstellen. Das ist schon erstaunlich angesichts der heftigen und weitreichenden Anklagen, die gegen die sogenannte Mehrheitsgesellschaft und ihre Repräsentanten erhoben werden.

Schweigen aus einem Schuldgefühl heraus? Selbst dann, wenn die pauschal erhobenen Vorwürfe noch so überzogen und unzutreffend sind? Schuld ist eine persönliche Kategorie, schuldig wird man durch das, was man selbst getan hat. Die schrecklichen Ereignisse, die zu Recht beklagt werden, liegen sehr weit zurück. In den USA gilt das Jahr 1619 als Referenzpunkt, damals betraten die ersten Sklaven amerikanischen Boden. Eine persönliche Beteiligung an den Ursprungsereignissen und in den folgenden Jahrhunderten hat es seitens heutiger Generationen nicht gegeben, auch nicht bei den Eltern, den Großeltern, den Urgroßeltern. Die Ereignisse liegen viel zu lange zurück.

---

7 Allensbach-IfD vom 16.6.2021.

Wer über eine gewisse Offenheit und auch nur über geringe historische Kenntnisse verfügt, weiß, dass die schlichte Vorstellung von den bösen Weißen und den guten Schwarzen zu kurz greift. Bereits vor der Kolonialzeit herrschten in vielen Teilen Afrikas Ausbeutungsverhältnisse, die den europäischen Feudalverhältnissen ähnelten; breite Bevölkerungsschichten wurden durch die lokalen Eliten massiv unterjocht. Ohne Beteiligung eines Teils der dortigen Herrscher wäre auch der Sklavenhandel nicht möglich gewesen, der ihnen einen erheblichen Reichtum bescherte. Die Beninbronzen, die aus dieser Quelle finanziert wurden, legen Zeugnis darüber ab, wie einträglich dieses Geschäftsmodell war.

Im Weltmaßstab ist der innerafrikanische sowie der arabische Sklavenhandel, der auch weiße Opfer einschloss, numerisch bedeutender als die Verschiffung von Sklaven nach Amerika. Zu den historischen Fakten gehört auch: Die europäischen Staaten haben ihre Kolonien von sich aus aufgegeben und die Sklaverei bereits im 19. Jahrhundert offiziell abgeschafft. Mit einem Schuldeingeständnis ging das sehr wohl einher, aufgrund der Einsicht, dass Kolonialismus und Sklavenhaltung mit humanen Grundwerten unvereinbar sind. Im amerikanischen Sezessionskrieg wurde über die Abschaffung der Sklaverei entschieden. Das ist mehr als 150 Jahre her. Mauretanien hingegen hat die Sklavenhaltung 1981 zwar offiziell abgeschafft, aber erst 2007 unter Strafe gestellt. In Saudi-Arabien wurde sie 1962 verboten. Auch das sind historische Fakten. An sie zu erinnern, entschuldigt das Vergehen westlicher Länder nicht, korrigiert aber Anklagen, die sich mit hoher moralischer Empörung nur auf Europa und die Vereinigten Staaten richten.

Aber nicht nur aufgrund ihrer historischen schuldhaften Verstrickung sei die westliche Welt heftig zu verurteilen. Immer noch würden Frauen massiv unterdrückt und all jene herabgesetzt, die nicht den Lebensvorstellungen entsprechen, die eine weiße, patriarchale, bürgerliche Gesellschaft diktiert. Eine freie Debatten- und Diskussionskultur gebe es nur scheinbar. In Wirklichkeit diene sie lediglich dazu, reaktionäres Gedankengut zu propagieren. So sei auch die Wissenschaftsfreiheit eine Schimäre, da sie nur den Interessen und dem Machterhalt privilegierter Gruppen diene. Bereits diese wenigen Anmerkungen zeigen, mit welcher Heftigkeit gegen die historischen Errungenschaften des Westens und seine gegenwärtige Verfasstheit vorgegangen wird. Unter der Losung, der alte weiße Mann müsse bekämpft werden, sind diesem Kampf inzwischen kaum noch Grenzen gesetzt.

Aus postfeministischer Sicht haben die jahrzehntelangen erfolgreichen Kämpfe der Frauenbewegung keinen bedeutenden Ertrag erbracht. Die Frauenunterdrückung setze sich, wie ohne jeden Zweifel verkündet wird, in gewohnter Weise fort. Frauen seien nach wie vor einem rücksichtslosen, ihre Interessen negierenden Patriarchat ausgeliefert. Fast entsteht dabei der Eindruck, sie hätten noch nie so zu leiden gehabt wie unter der toxischen Männlichkeit heutiger Tage: bedroht durch Übergriffe und psychische Zumutungen, unterdrückt und benachteiligt in fast allen Lebensbereichen.

Angesichts solcher Pauschalisierungen, die sich den Blick auf die Lebensrealität ersparen, kann einem der Atem stocken. Die Lebensbedingungen von Frauen haben sich, auch dank der Frauenbewegung, über die Jahrzehnte fundamental verändert. Heute ist Frauen eine freie Lebensgestaltung möglich. Private Beziehungen lassen sich gleichberechtigt gestalten, die beruflichen Möglichkeiten beider Geschlechter unterscheiden sich nur noch wenig. Junge Frauen sind nicht mehr Opfer der Männerwelt, und die inzwischen älteren, die Generation der 1968er, ebenso wenig. Ungleichbehandlungen, die erhalten geblieben sind, bedürfen dringend einer Korrektur, zum Beispiel bei abweichender Bezahlung für gleiche Tätigkeiten, bei Maßnahmen zur Vereinbarkeit von Beruf und Familie. Von einer systematischen Diskriminierung, die alle Lebensbereiche durchzieht, kann aber wirklich nicht die Rede sein.

Zur Kenntnis genommen werden sollte auch, dass es geschlechtsspezifisch unterschiedliche Lebensoptionen gibt, die auf einer freien Entscheidung beruhen. Etwa dann, wenn das häusliche Leben mit Kindern einer Berufstätigkeit vorgezogen und Karrierepläne zurückgestellt werden. Nicht immer ist es ein Zeichen von Diskriminierung, wenn Männer und Frauen nicht die gleichen Repräsentationsquoten erreichen. Eine kürzlich erschienene Schweizer Studie hat das erneut bestätigt.[8] Und in Ländern wie Norwegen, Dänemark, Finnland oder Schweden, die sich besonders um Gleichstellung bemühen, erfolgt die Berufswahl auffällig häufig entlang konventioneller Geschlechterrollen. Das entspricht zwar nicht dem Wunschbild einer paritätisch gedachten Gesellschaft, ist aber Ausdruck einer persönlichen Freiheit, die es zu bewahren gilt.

Ein weiterer Stein des Anstoßes ist die sogenannte Heteronormativität, die das Schuldkonto der westlichen Welt noch weiter erhöhen soll. Allen anderen Lebensformen würde, hinter einer liberalen Maske versteckt, eine elementare Anerkennung verweigert. Wiederum wird das Bild einer bedrückenden Gegenwart gezeichnet, die sich von der Vergangenheit nicht wirklich gelöst hat. Bis 1969 galt die Homosexualität, aus heutiger Sicht kaum noch nachvollziehbar, als Straftatbestand. Erst 1994 wurde der entsprechende Paragraph 175 vollständig abgeschafft. Homosexuelle mussten in der Vergangenheit viel erleiden, das steht völlig außer Frage. Inzwischen haben sich die Toleranzräume aber beträchtlich erweitert; ihre Stellung in der Gesellschaft ist eine ganz andere geworden. In den

8 Nach Bandle 2023.

allermeisten Lebensbereichen können sie ein freieres Leben führen als jemals zuvor, als ein anerkannter Teil der Gesellschaft.

Auch hat sich die Situation von Menschen, die das Gefühl haben, im falschen Körper zu leben, wesentlich verändert. Ihr Anliegen wird öffentlich wahrgenommen und intensiv diskutiert, so stark wie bei kaum einer anderen Personengruppe. Verstöße gegen hohe Rechtsgüter, die das Bundesverfassungsgericht festgestellt hat, sollen durch das neue Selbstbestimmungsgesetz ausgeräumt werden, eine Ehelosigkeit keine Voraussetzung mehr für eine Transition sein, die Verpflichtung zur operativen Anpassung äußerer Geschlechtsmerkmale entfällt, ebenso wie der Nachweis einer dauerhaften Fortpflanzungsunfähigkeit. Die Sensibilität für Genderdysphorie und Transsexualität ist in den letzten Jahren deutlich gestiegen, ein Bemühen um Akzeptanz und Anerkennung unübersehbar. Das berichten auch viele Transsexuelle selbst. »Die allermeisten Transpersonen möchten keine Aufmerksamkeit. Sie möchten in Ruhe gelassen werden und ihr Leben leben, sozusagen in die Normalität abtauchen. Wenn das gelingt, ist ein Leben als Transfrau in unserem Land sehr gut und ohne Probleme möglich.«[9] Jede ideologische Überfrachtung, die sie an die Öffentlichkeit zerrt, schade ihnen nur.

9 Otto 2023, S. 3.

In ihrer übergroßen Mehrheit begegnet die heutige Bevölkerung homo- und transsexuellen Menschen nicht mehr feindselig, entwertend und ablehnend. Sie ist offener und toleranter als jede ihrer Vorgängergenerationen. Gleichwohl wird vielerorts der Vorwurf einer strukturellen Homo- und Transphobie erhoben. Er steht hartnäckig im Raum, dabei kommen Begriffe zum Einsatz, die Psychopathologisches nahelegen. Eine Phobie ist Ausdruck einer psychischen Erkrankung. Bereits ein kleines Vergehen, eine Unbedachtheit, ein falsches Wort, das eine subjektive Empfindung stört, kann in Zeiten der Hypersensibilität genügen, damit diese Diagnose greift. Oder auch nur der schlichte Hinweis auf naturwissenschaftliche oder historische Fakten. Die erhobene Anklage wiegt schwer, unterstellt sie doch eine massive Ablehnung und Entwertung anderer, die es faktisch sehr oft überhaupt nicht gibt. Häufig sind es ausgerechnet die besonders Liberalen und Weltoffenen, die unter den heftigsten Anklagen zu leiden haben.

Auch hier stellt sich die Frage, warum diesen Vorwürfen nicht offensiver begegnet wird. Der aufgebaute Schulddruck spielt gewiss eine Rolle, sich massiven moralischen Anfeindungen auszusetzen, kann überaus belastend sein. Schweigen bietet vorübergehend Schutz, ein konformes Verhalten auch. Ob aber ein genuines Schuldgefühl getroffen wird, das sich voll innerer Kraft entfaltet, ist wenig wahrscheinlich. Vor allem nicht bei der jüngeren

Generation. Viel näher liegt deshalb die Vermutung, dass die Schuldvorwürfe rein instrumentell eingesetzt werden. Sie dienen als Mittel, um identitätspolitische Interessen moralisch zu legitimieren und gegen den Willen einer durch die Anwürfe verunsicherten, in die Defensive geratenen Mehrheitsgesellschaft durchzusetzen.

Die »woke« Bewegung breitet sich zusehends aus. Inzwischen hat sie diverse Machtpositionen besetzt, von dort aus steigt ihr Einfluss beständig weiter. Ihr Ziel ist es, längst überwundene ständische Strukturen unter dem Deckmantel der Diversität und »Achtsamkeit« neu zu etablieren und einen grundlegenden gesellschaftlichen Wandel herbeizuführen. Die Fixierung dieses Milieus auf eine vermeintlich allgegenwärtige Repression ist so ausgeprägt, dass sämtliche kulturellen Überlieferungen unter Verdacht stehen.

Das fällt auf einen aufnahmebereiten Boden. Wie Douglas Murray[10] überzeugend darlegt, fehlt es der westlichen Welt an Selbstgewissheit, an der nötigen inneren Überzeugung, um ihre Werte nachdrücklich zu vertreten, an Respekt und Dankbarkeit für das Überlieferte, auf dem sie aufbaut. So ist die Überzeugung geschwunden, dass die nachwachsende Generation in der persönlichen Lebensgestaltung von den Älteren Wichtiges lernen kann. Fast

---

10 Murray 2019.

alles, was an ein traditionelles männliches oder weibliches Selbstverständnis anknüpfen könnte, gilt als altbacken, verstaubt, rückwärtsgewandt. Es scheint kaum noch etwas zu geben, das Mütter und Väter ihren Kindern gewinnbringend mit auf den Weg geben können.

Eine große Verunsicherung ist auch im Erziehungsgeschehen eingetreten. Schon der Begriff Erziehung ist in Verruf geraten und scheint aus der Zeit gefallen zu sein. Selbst in der Erziehungswissenschaft wird er nur noch mit Vorsicht behandelt. Assoziiert wird Erziehung mittlerweile mit einer autoritär verfügten Unterordnung aus längst vergangenen Zeiten. Doch das ist ein weiterer großer Irrtum. Erziehung ermöglicht es, dass Kinder von dem Reichtum profitieren, der über Generationen angesammelt worden ist. Ansonsten bleiben sie in den Beschränkungen gefangen, die ihnen die Kindheit auferlegt, wichtige Entwicklungsperspektiven sind ihnen verschlossen. Zwar kann niemand vorhersagen, wie die heutigen Kinder in Jahrzehnten leben werden. Gleichwohl muss ihnen um ihrer selbst willen das weitergegeben werden, was aus gegenwärtiger Sicht von Bedeutung ist. Insofern geht es darum, »jene Bildung zu vermitteln, die notwendig ist, um zu verstehen, warum die Welt so geworden ist, wie sie nun einmal ist«.[11]

---

11 Liessmann 2023, S. 154.

Weit verbreitet ist die oft auf einer vagen Stimmungslage beruhende Einschätzung, die heutige Gesellschaft sei grundlegend ungerecht, schuldbehaftet und voller Versäumnisse. Dabei gerät aus dem Blick, was geleistet worden ist und wird. Bei allem Unrecht, das sich durch die Menschheitsgeschichte zieht, und der Beteiligung des Westens daran steht dieser für einen Wertekanon, der nicht zur Disposition gestellt werden darf. Zu seinen historischen Errungenschaften gehört die Aufklärung, die die Vernunft zur entscheidenden Urteilsinstanz erhoben hat, unabhängig davon, wer sie vertritt. Die Überwindung der alten Ständeordnung führte zu individuellen Freiheiten, Rechtsstaatlichkeit und der Definition von universellen Menschenrechten. Die demokratische Verfasstheit westlicher Staaten ist ein weiterer großer Gewinn; das wissen vor allem diejenigen zu schätzen, die darunter leiden, dass ihnen demokratische Grundrechte vorenthalten werden. Die Meinungsfreiheit erlaubt es, dass unterschiedliche, auch extreme Positionen vorgetragen werden dürfen – selbst dann, wenn sie die gesamte westliche Welt mit Schuldvorwürfen überziehen, sie von Grund auf ablehnen und für die Inkarnation des Bösen halten.

Nicht zuletzt steht der Westen für die Entfaltung der Wissenschaften, für technischen Fortschritt, freie Märkte und eine Wirtschaftsordnung, die breiten Bevölkerungsteilen Wohlstand gebracht hat. Die durchschnittliche Lebenserwartung steigt, heute kann geheilt oder gelindert werden, was noch vor einigen Jahrzehnten unmöglich schien. Schwere körperliche Arbeit wird zunehmend von Maschinen übernommen. Immer größere Bevölkerungsteile partizipieren an Bildungsangeboten. Der persönliche Freiheitsgrad ist so hoch wie nirgendwo sonst, das Leben kann weitgehend nach individuellen Vorstellungen gestaltet werden. Minderheiten genießen umfassenden Schutz.

Für diese Errungenschaften musste immer wieder gekämpft werden, in einem harten Ringen wurden sie gegen ihre Widersacher verteidigt. Diejenigen, die daran beteiligt waren, verdienen unsere Anerkennung und unseren Respekt. Und es versteht sich keinesfalls von selbst, dass sie auch weiterhin gesichert sind. Mit der identitätspolitischen Mobilmachung gegen das westliche Wertesystem geraten sie gerade gegenwärtig wieder in Gefahr: »Political Correctness und Cancel-Culture sind mit einer freiheitlichen, pluralistischen Gesellschaft unvereinbar. Sie beschädigen zunehmend den liberalen Kern der Demokratie – die offene Kontroverse, das öffentliche Ringen um den richtigen Weg.«[12]

---

12 Müller-Vogg 2023, S. 11.

Literatur

Ackermann, U., Die neue Schweigespirale. Darmstadt 2022.

Allensbach-IfD Institut für Demoskopie, Das geistige Klima an den Universitäten. Ergebnisse einer Online-Befragung von Hochschullehrern. Online-Präsentation vom 18. November 2021, verfügbar unter: https://www.hochschulverband.de/aktuelles-termine/hochschullehrer-unter-druck, Zugriff am 6.9.2023.

– Die Mehrheit fühlt sich gegängelt vom 16. Juni 2021, verfügbar unter: https://www.ifd-allensbach.de/fileadmin/kurzberichte_dokumentationen/FAZ_Juni2021_Meinungsfreiheit.pdf, Zugriff am 6.9.2023.

Anzieu-Premmereuer, Ch., Kinder der Reproduktionsmedizin und ihre Eltern, in: Jahrbuch der Psychoanalyse 81, 2020, S. 41–61.

Bachmann, I., Die Wahrheit ist dem Menschen zumutbar. München 1981.

Bandle, R., Die meisten Studentinnen wollen lieber einen erfolgreichen Mann als selber Karriere machen, in: Sonntagszeitung vom 6.5.2023, verfügbar unter: https://www.tagesanzeiger.ch/die-meisten-studentinnen-wollen-lieber-einen-erfolgreichen-mann-als-selber-karriere-machen-165723834136, Zugriff am 6.9.2023.

Basad, J., Es lebe die penetrative Energie! in: Frankfurter Allgemeine Zeitung vom 22.11.2018, S. 13.

Baumann-Rüdiger, E., Jenners Kampf, in: Neue Zürcher Zeitung vom 21.8.2023, S. 20.

Beauvoir, S., Das andere Geschlecht. Sitte und Sexus der Frau. Reinbek 2012.

Bundesverfassungsgericht, Erfolglose Verfassungsbeschwerde gegen die Versagung des Namens- und Personenstandswechsels nach dem Transsexuellengesetz, Pressemitteilung Nr. 103/2017 vom 24. November 2017, verfügbar unter: https://www.bundesverfassungsgericht.de/SharedDocs/Pressemitteilungen/DE/2017/bvg17-103.html, Zugriff am 6.9.2023.

Butler, J., Das Unbehagen der Geschlechter. Frankfurt a. M. 1991.

Campbell, B./Manning, J., The Rise of Victimhood Culture. Cham 2018.

Canadian Medical Care 2023, verfügbar unter: https://surrogacycmc.com/de/news/, Zugriff am 6.9.2023.

Debray, R., Lob der Grenzen. Hamburg 2016.

Degener, T., Vorwort, in: Schumann, B. (Hrsg.), Streitschrift Inklusion. Was Sonderpädagogik und Bildungspolitik verschweigen. Frankfurt a. M. 2018, S. 7–8.

Deutsche Forschungsgemeinschaft, Die »Forschungsorientierten Gleichstellungs- und Diversitätsstandards« der DFG vom 9.6.2022, verfügbar unter: https://www.dfg.de/download/pdf/foerderung/

grundlagen_dfg_foerderung/chancengleichheit/fog_aspekt_diversitaet.pdf, Zugriff am 6.9.2023.

Döpfner, M., Unser Haus steht für Vielfalt und Freiheit. 2022, verfügbar unter: https://www.welt.de/debatte/plus239180477/Mathias-Doepfner-Unser-Haus-steht-fuer-Vielfalt-und-Freiheit.html, Zugriff am: 6.9.2023.

Erikson, E. H., Identität und Lebenszyklus. Frankfurt a. M. 2003.

FDP (2021): Beschluss der Fraktion der Freien Demokraten im Deutschen Bundestag. Leihmutterschaft aus Nächstenliebe auch in Deutschland ermöglichen, verfügbar unter: https://www.fdpbt.de/beschluss/leihmutterschaft-aus-naechstenliebe-auch-deutschland-ermoeglichen, Zugriff am 6.9.2023.

Finkielkraut, A., Ich schweige nicht. München 2021.

– Vom Ende der Literatur. München 2023.

Fraire, M. / Roudinesco, É., Welches Morgen für die Leihmutterschaft? in: Feministische Studien, 37(1), 2019, S. 144–154, verfügbar unter: https://doi.org/10.1515/fs-2019-0009, Zugriff am 6.9.2023.

Freud, S., Die zukünftigen Chancen der psychoanalytischen Therapie, in: Freud, S., Gesammelte Werke VIII, Frankfurt a. M. 1910/1999, S. 104–115.

Gracia, J., Eine offene Gesellschaft lebt vom Widerspruch, in: Neue Zürcher Zeitung vom 08.03.2023, S. 8.

Grichting, M., Religion dient der Freiheit, in: Neue Zürcher Zeitung vom 17.9.2022, S. 16.

Gumbrecht, H. U., Die Neuerfindung der Familie. Blutsbande und Tradition verlieren an Bedeutung. Das mehrt die Freiheit, deckt aber nicht jedes Bedürfnis, in: Neue Zürcher Zeitung vom 18.11.2022, S. 7.

Grundgesetz der Bundesrepublik Deutschland vom 23. Mai 1949. Berlin 2017.

Guyer, E., Hilfe, die Welt geht unter! in: Neue Zürcher Zeitung vom 8.1.2022, S. 1.

Haidt, J./Lukianoff, G., The Coddling of the American Mind. München 2018.

Hansert, A. C., Gattung und Gesellschaft. Zur Stellung des Individuums in einem unentrinnbaren Spannungsfeld. Wien 2023.

Hümpel, R./Steinhoff, U./Galuschka, A./Korte, A./Vollbrecht, M., Wie ARD und ZDF unsere Kinder indoktrinieren, in: Welt-online vom 1.6.2022, verfügbar unter: https://www.welt.de/debatte/kommentare/plus239113451/Oeffentlich-rechtlicher-Rundfunk-Wie-ARD-und-ZDF-unsere-Kinder-indoktrinieren.html, Zugriff am 6.9.2023.

Israel, C., »Spürbarer Druck« – really? verfügbar unter: https://eulemagazin.de/spuerbarer-druck-really/, Zugriff am 06.9.2023.

Joffe, J., Neusprech schlägt »Falschdenk«, in: Neue Zürcher Zeitung vom 14.1.2023, S. 16.

Kadi, U./Leithner-Dziubas, K., Das Monster einer zweibeinigen Gebärmutter. Leihmutterschaft als Ortswechsel, in: Feministische Studien, 37 (1),

2019, S. 13–28, verfügbar unter: https://doi.org/doi:10.1515/fs-2019-0002, Zugriff am 6.9.2023.

Kempen, B., Universität als Risikozone, in: Frankfurter Allgemeine Zeitung vom 22.7.2021, S. 6.

Köppel, R., Unsere nationalen Interessen, in: Weltwoche vom 9.6.2022, S. 3.

Krischke, B., Die Wokeness Illusion. Freiburg 2023.

Krüger-Kirn, H., Somatisches Wissen artikulieren. Annäherungen an die leiblichen Erfahrungen von Schwangerschaft und von Leihmutterschaft, in: Feministische Studien, 37 (1), 2019, S. 48–64, verfügbar unter: https://doi.org/doi:10.1515/fs-2019-0004, Zugriff am 6.9.2023

Kuster, F. / Liebsch, K., »Einleitung: Reproduktionstechnologien, Generativität, Verwandtschaft«, in: Feministische Studien, 37 (1), 2019, S. 3–12, verfügbar unter https://doi.org/10.1515/fs-2019-0001, Zugriff am 6.9.2023.

Lebovici, S. / Crémieux, R., Zur Rolle und zum Bild des Vaters, in: Stork, J. (Hrsg.), Fragen nach dem Vater. Französische Beiträge zu einer psychoanalytischen Anthropologie, Freiburg 1974, S. 159–232.

Lehmann, S., Homo- und Transfeindlichkeit ist keine Meinung – sondern Menschenfeindlichkeit, in: Die Welt vom 7.6.2022, S. 4.

Liessmann, K. P., Lauter Lügen. Wien 2023.

Marcuse, H., Repressive Toleranz, in: Wolff, R. P. / Moore, B. / Marcuse, H., Kritik der reinen Toleranz. Frankfurt a. M. 1968, S. 91–118.

Miller, A., Am Anfang war Erziehung. Frankfurt a. M. 1987.

Müller-Vogg, H., Nazi-Vergleiche? Kein Problem! in: Neue Zürcher Zeitung vom 24.5.2023, S. 11.

Murray, D., Der Selbstmord Europas. München 2019.

Nature Human Behavior, Science must respect the dignity and rights of all humans, H. 6, 2022, S. 1029–1031, verfügbar unter: https://doi.org/10.1038/s41562-022-01443-2, Zugriff am 6.9.2023.

Neff, B., Kapitulation vor dem Säuberungsfuror, in: Neue Zürcher Zeitung vom 21.1.2023, S. 9.

Netzwerk Wissenschaftsfreiheit, Manifest 2021, verfügbar unter: https://www.netzwerk-wissenschaftsfreiheit.de/ueber-uns/manifest/, Zugriff am 6.9.2023.

Neukirch, R., Kampf gegen Rassismus. »Mit Liberalen lässt sich am schwersten reden.« Interview mit Robin DiAngelo 2020, verfügbar unter: www.spiegel.de/politik/ausland/usa-kampf-gegen-rassismus-liberale-tun-sich-am-schwersten-a-4279fled-1f5c-4c5c-bc58-3eaa157ec9cb, Zugriff am 6.9.2023.

Otto, K., Psychopathen, Dummies, Verirrte? Gedanken einer Transfrau, in: Achse des Guten online vom 17.5.2023, verfügbar unter: https://www.achgut.com/artikel/psychopathen_dummies_verirrte_gedanken_einer_transfrau, Zugriff am 6.9.2023.

Queer.de, Studierende protestieren gegen transfeind-

liches Uni-Seminar, (J. Klein 2022), verfügbar unter: https://www.queer.de/detail.php?article_id=43562, Zugriff am 6.9.2023.
Rauchfleisch, U., Transsexualität – Transidentität. Göttingen 2016.
Ross, A., Gewinnen Sie ein Baby! in: EMMA vom 31.10.2021, verfügbar unter: https://www.emma.de/artikel/gewinnen-sie-ein-baby-338957, Zugriff am 6.9.2023
Scheu, R., Gespräch und Gegenwart. Reden über (und gegen) den Zeitgeist. Zürich 2020.
Schimank, U., Umkämpfte Inklusion – eine soziologische Perspektive auf Behinderte im Bildungssystem, in: Ministère de l'Éducation nationale et de la Formation professionelle. Service de l'Éducation différenciée (EDIFF) (Hrsg): Integration – Inklusion. Festschrift zum 40jährigen Bestehen der Éducation différenciée (EDIFF), Ministère de l'Éducation Luxembourg 2013, S. 167–179.
Schreiber, C., Ich werde mich zum Islam nicht mehr äußern. Interview, verfügbar unter: https://www.zeit.de/2023/39/constantin-schreiber-islam-tagesschau-sprecher-anfeindung/seite-3?utm_referrer=https%3A%2F%2Fwww.google.com%2F, Zugriff am 26.9.2023.
Schwarzer, A. / Louis, Ch., Transsexualität. Was ist eine Frau? Was ist ein Mann? Köln 2022.
Selbstbestimmungsgesetz, Gesetz über die Selbstbestimmung in Bezug auf den Geschlechtseintrag (SBGG) 2023, verfügbar unter: https://

www.entwurf-selbstbestimmungsgesetz-data.pdf (bmfsfj.de), Zugriff am 20.9.2023.

Shapiro, B., Der autoritäre Terror. München 2022.

Sieg, S., »Sie reproduzieren kolonial-rassistische Machtstrukturen«, in: Weltwoche Nr. 7, 2023, S. 60–61.

Singer, S., Die Wissenschaft leidet, wenn sie »woke« sein soll, in: Neue Zürcher Zeitung vom 20.12.2022, S. 5.

Teising, M./Burchartz, A. (Hrsg.), Die Illusion grenzenloser Verfügbarkeit. Gießen 2023.

Teman, E., Birthing a Mother. The Surrogate Body and the Pregnant Self. Oakland 2010.

VittoriaVita 2023, verfügbar unter: https://vittoriavita.com/de, Zugriff am 6.9.2023.

Zu Klampen Essay – lieferbare Bände

Bernd Ahrbeck
Jahrmarkt der Befindlichkeiten.
Von der Zivilgesellschaft zur Opfergemeinschaft

❧

Rudolf Burger
Das Elend des Kulturalismus.
Antihumanistische Interventionen

❧

Egon Flaig
Gegen den Strom.
Für eine säkulare Republik Europa

❧

Alexander Grau
Kulturpessimismus. Ein Plädoyer

Entfremdet.
Zwischen Realitätsverlust
und Identitätsfalle

❧

Ulrich Greiner
Dienstboten.
Von den Butlern bis zu den Engeln

Hans Ulrich Gumbrecht
Provinz. Von Orten des Denkens und der Leidenschaft

❧

Ralf Hanselle
Homo digitalis. Obdachlos im Cyberspace

❧

Heide Helwig
Unsere Wünsche. Gift und Zauber

❧

Jens Jessen
Was vom Adel blieb. Eine bürgerliche Betrachtung

Der Deutsche. Fortpflanzung, Herdenleben, Revierverhalten

❧

Jürgen Kaube
Im Reformhaus. Zur Krise des Bildungssystems

❧

Wolfgang Kemp
Der Oligarch

Der Scheich

❧

Manfred Koch
Faulheit. Eine schwierige Disziplin

Andrea Köhler
Scham. Vom Paradies zum Dschungelcamp

❧

Siegfried Kohlhammer
Islam und Toleranz.
Von angenehmen Märchen und
unangenehmen Tatsachen

❧

Hans Kollhoff
Architektur. Schein und Wirklichkeit

❧

Stephan Krass
Radiozeiten. Vom Ätherspuk zum Podcast

❧

Ulrich Meyer-Doerpinghaus
Am Zauberfluss.
Szenen aus der rheinischen Romantik

❧

Johann Michael Möller
Der Osten.
Eine politische Himmelsrichtung

❧

Burkhard Müller
Fälschungen, Verwandlungen.
Vom schönen Schein der Bilder, Häuser und Menschen

Apoll und Daphne.
Geschichte einer Verwandlung

Henning Ritter
Verehrte Denker.
Porträts nach Begegnungen

❧

Johannes Saltzwedel
Finderglück.
Mäßig unzeitgemäße Betrachtungen

❧

Hartmut Scheible
Sinnliche Vernunft.
Giacomo Casanova in seiner Zeit

❧

Martin Scherer
Hingabe.
Versuch über die Verschwendung

❧

Hannelore Schlaffer
Die City. Straßenleben in der geplanten Stadt

Alle meine Kleider. Arbeit am Auftritt

Rüpel und Rebell.
Die Erfolgsgeschichte des Intellektuellen

Zeit meines Lebens. Was war und noch ist

❧

Gustav Seibt
Goethes Autorität. Aufsätze und Reden

Stefan aus dem Siepen
Wie man schlecht schreibt.
Die Kunst des stilistischen Missgriffs

❦

Gerhard Stadelmaier
Regisseurstheater.
Auf den Bühnen des Zeitgeists

Deutschlandglotzen.
Ganze Tage vor dem Fernseher

2024
zu Klampen Verlag
Röse 21 · D-31832 Springe
info@zuklampen.de · www.zuklampen.de

Reihenentwurf: Martin Z. Schröder, Berlin
Satz: textformart, Göttingen
Gesetzt aus Baskerville Ten
Druck: CPI – Clausen & Bosse, Leck

ISBN 978-3-98737-015-1

Bibliographische Information der
Deutschen Nationalbibliothek:
Die Deutsche Nationalbibliothek
verzeichnet diese Publikation in der
Deutschen Nationalbibliographie;
detaillierte bibliographische Daten
sind im Internet abrufbar:
http://dnb.d-nb.de